U0516483

# 康熙紹興府志

7

紹興大典

史部

中華書局

# 紹興府志卷之四十

## 人物志三

### 名宦前

職官有志矣志名宦者何職官非賢否所繫也有其人則書之名宦所以錄賢也賢者錄之而不賢者可知已越自種蠡著勛下逮秦漢到於今凡官於兹土者或總理或分治不一其職苟誠有功德於民民必追慕而咏歌之千百年如一日也兹特稽往牒采民謡而著之爲傳將使後來者循其名核其實惕然起

景行之思焉越之民其永有攸墍乎君其人尚仕而未殁者即輿論所歸例不輒入以遠諛結之嫌姑有竢焉

周

文種字子禽楚之鄒人或曰甬東人爲越大夫越王句踐既敗於吳棲於會稽之上喟然歎曰終於此乎種曰湯繫夏臺文王囚羑里重耳奔狄小白奔莒其卒王霸由是觀之何遽不爲福乎王乃號令於三軍曰有能助寡人謀而退吳者吾與之共知越國之政種進對曰夫謀臣與爪牙之士不可不養而擇也

君王旣棲於會稽之上然後乃求謀臣無乃後乎句踐曰苟能聞子大夫之言何後之有執其手而與之謀遂使之行成於吳時吳太宰嚭取貨於越乃言於王與之成而去已而句踐入臣於吳自吳歸國日以報吳謀於范蠡蠡曰兵甲之事種不如蠡鎭撫國家親附百姓蠡不如種王乃以兵事咨蠡舉國政屬之種越卒滅吳稱伯皆二人之力也吳旣滅范蠡遂去自齊遺種書言越王爲人長頸烏喙可與共患難不可與共安樂勸之去種見書稱病不朝人或譏種且

作亂越王乃賜種劒曰子教寡人伐吳七術寡人用其三而敗吳其四在子子爲我從先王試之種遂自殺

范蠡字少伯本南陽人或曰楚三戸人嘗師事計然精計算之術其始在楚務自隱匿一癡一醒時人盡以爲狂大夫種入其縣得蠡而悅因與之共入吳吳方任子胥無所關其辭遂去吳之越越王賢而用之越王聞吳王夫差日夜勒兵且以報越欲先其未發往伐之范蠡諫勿聽卒敗於吳困於會稽乃用范蠡

計使大夫種納賂請成吳王許之撤兵歸范蠡從越王入臣於吳吳王囚之石室三月吳王召越王入見越王伏於前范蠡立於後吳王以范蠡爲賢欲使之棄越事吳范蠡對曰臣聞亡國之臣不敢語政臣在越不忠不信令越王用兵與大王相持至今獲罪蒙大王鴻恩得君臣相保願得入備掃除出給趨走臣之願也是時越王伏地流涕自謂遂失范蠡矣吳王知范蠡終不可得乃復置之石室吳王登遠臺望見越王及大人范蠡坐於馬糞之旁君臣之禮存夫婦

之儀具王顧謂太宰嚭曰彼越王者一節之人范蠡一介之士雖在窮厄之地不失君臣之禮寡人傷之嚭曰願大王以聖人之心哀窮孤之士吳王曰爲子赦之其後吳王有疾范蠡卜之至巳巳日當瘳因勸越王入問疾求嘗其溲以瘳期賀之越王用其計吳王果大悅赦越王歸國越王既歸乃益親范蠡而委國以聽曰不穀之國家蠡之國家也范蠡於是言於王以民事委大夫種以兵事自任拊循訓練上下戮力既十餘年越王屢欲報吳范蠡皆以爲未可已而

吳王會諸侯於黄池精兵悉從行獨老弱與太子留守范蠡曰可矣乃悉發兵伐吳敗吳師殺其太子吳告急於王王反自會厚禮請成蠡以吳尚能與守也乃復言於王許之成而退後四年復伐之大破吳師因以兵圍之復棲吳王於姑蘇之山吳王使王孫雒行成於越亦欲如會稽之赦越王不忍將許之范蠡曰會稽之事天以越賜吳吳不取今天以吳賜越越其可逆天乎且君王蚤朝晏罷謀之二十二年一旦而棄之不可乃鼓進兵以隨使者至於姑蘇之宮遂

滅吳反至五湖辭於王遂乘輕舟入海變名姓爲鴟夷子皮之齊爲陶朱公後竟不知所之王命工以良金寫蠡之狀而君臣朝禮之環會稽三百里以爲蠡地而禁之無侵云

扶同不知何許人仕越爲大夫越王將入臣於吳羣臣臨浙江祖道王曰孤承前王餘德諸大夫之謀得保前王丘墓今遭耻辱爲天下笑君臣之間其咎安在扶同曰昔湯繫夏臺伊尹不離其側文王囚石室太公不棄其國興衰在天存亡繫人故湯不以窮自

傷周文不以困爲病越王自會稽歸七年拊循其士民欲以報吳扶同諫曰鷙鳥之擊必匿其形聖人之謀不見其象今大王臨敵破吳宜損少詞無令洩也臣聞吳王兵加於齊晉而怨結於楚大王宜親齊結晉陰固於楚而厚事於吳吳之志廣必輕戰三國決權還爲敵國越乘其敝可克也越王曰善是後吳伐齊以自罷越乘釁以破吳扶同之謀也

按吳越春秋越絕書並作扶同而史記作逄同然吳亦有逄同乃與宰嚭共讒子胥者其後越王誅宰嚭并及逄同然則在越者宜作扶同而史記或誤耳今正之

計硯越大夫越王將臣於吳羣臣送之江滸王欲聞諸大夫言志計硯曰候天察地紀歷陰陽觀變參災分別妖祥臣之事也越王自吳歸病諸大夫易見而難使計硯年少官卑列坐於後趨而進曰非諸大夫易見而難使君王之不能使也夫官位財幣者君之所輕也履鋒刃投死者士之所重也今王吝其所輕而責士之所重何其殆哉於是越王默然有慚色進計硯而問所以得士之術計硯告以正身選賢且舉蠡種可與深議越王從之已而欲興師伐吳問於計

硯計硯具言陰陽五行消長之要越王曰何子之年少而長於物也計硯曰有美之士不拘長少越王曰善卒用其計以滅吳越王歎曰吾之覇矣善計硯之謀也其後王漸疎功臣計硯乃佯狂以自免

苦成越大夫越王入吳諸臣各言其志苦成曰發君之令明君之德窮與俱厄進與俱覇統煩理亂使民知分臣之事也越王既歸亟欲報吳苦成勸王虛心自匿無示謀以觀其釁後越王問戰於諸大夫苦成曰審罰則可戰審罰則士卒望而畏之不敢違命王

曰勇哉

曳庸左傳作后庸國語作舌庸越大夫越王將入吳庸勸王委留守於文種後越王反國問戰於諸大夫庸曰審賞則可戰無功不及有功必加則士卒不怠王曰聖哉

皋如越大夫越王將去國入吳難其守皋如舉文種曰忠而善慮士樂爲用令委國一人其道必守因自言其志曰修德行惠撫慰百姓動輒躬親食不二味國富民實爲君養器臣之事也後越王欲報吳謀於羣臣皋如曰昔湯武乘四時之利而制夏殷桓繆據

五勝之便而列六國此乘其時而勝者也越王又問戰皐如對以審聲則可戰云

諸稽郢越大夫越王行成於吳使郢將命曲善其辭吳王乃許之越王將入臣令諸大夫言志郢曰望敵設陣飛矢揚兵履腹涉屍貪進不退破敵攻衆威凌百邦臣之事也時有大夫浩者亦進曰君誤臣諫直心不撓始終一分臣之事也其後越王將伐吳浩又言曰今吳君驕臣奢外有侵境之敵内有爭臣之震其可攻矣

漢嚴助吳人忌之子也武帝時郡舉賢良對策百餘人帝善助對擢爲中大夫是時征伐四徼朝廷多事帝尚文學惟助見任用建元三年閩越舉兵圍東甌東甌告急上乃遣助發兵拯之未至東甌圍解後三歲閩越復興兵擊南越上將大發兵誅閩越淮南王安上書諫阻上嘉其意令助諭王於是助與王相結而還上大悅助嘗侍燕從容上問助居鄉里時助對曰家貧爲友壻富人所辱上問所欲助曰願爲會稽太守於是拜會稽太守數年不聞問賜書曰制詔會

稽太守君厭承明之廬勞侍從之事懷故土出爲郡吏會稽東接於海南近諸越北枕大江間者濶焉久不聞問具以春秋對毋以蘇秦從横助恐上書謝願奉三年計最後坐與淮南王相結竟棄市

朱買臣字翁子吳人也初以嚴助薦爲中大夫會東越叛買臣上言故東越王居保泉山一人守險千人不得上今聞東越王南徙去泉山五百里居大澤中今發兵浮海直指泉山陳舟列兵席卷南行可破滅也上乃拜買臣會稽太守謂曰富貴不歸故鄉如衣

繡夜行今子何如買臣頓首謝詔買臣到郡治樓船備糧食水戰具須詔書軍到與俱進初買臣免待詔常從會稽守邸者寄食及拜太守衣故衣懷其印綬步歸郡邸直上計時會稽吏方相與羣飲買臣入室中守邸與共食少見其綬守邸怪之前引其綬視其印會稽太守章也守邸驚出語上計掾吏皆醉大呼曰妄誕爾其故人素輕買臣者入內視之還走疾呼曰實然坐中驚駭白守丞相推排陳列中庭拜謁有頃長安廐吏乘駟馬車來迎買臣遂乘傳去居官歲

餘將兵與韓說等俱擊破東越有功徵入爲主爵都尉是時買臣與嚴助相繼爲會稽太守招東甌事兩越江淮爲之凋獘然變浙東閩廣數十州左袵之鄉爲衣冠之郡則二子之功也

顔駟漢時爲郎武帝至郎署見駟須眉皓白問爲郎幾時對曰臣自文帝時爲郎上曰何久不遷對曰文帝好文而臣善武景帝好美貎而臣貎醜陛下好年少而臣已老是以終身不遇也上感其言郎日擢爲會稽都尉

任延字長孫南陽宛人更始元年爲會稽都尉行太守事時年十九迎官驚其壯及到靜泊無爲惟先遣禮祠延陵季子時天下新定道路未通避亂江南者皆未還中土會稽頗稱多士延皆聘請高行如董子儀嚴子陵等敬待以師友之禮掾史貧者輒分俸給之省諸卒令耕公田以周窮急每行縣輒慰勉孝子就餐飯之吳有龍丘萇者隱居太末志不降辱王莽時連辟不起掾史白請召之延曰龍丘先生躬德履義有原憲伯夷之節都尉灑埽其門猶懼辱焉召之

不可遺功曹奉謁脩書記致醫藥吏使相望於道積一歲萇乃乘輦詣府門願得先死備錄延辭讓再三遂署議曹祭酒萇尋病卒延自臨殯不朝三日是以郡中賢士大夫爭往官焉建武初延上書乞骸骨徵拜九眞太守九眞蠻俗延爲丕變尋拜武威太守帝親戒之曰善事上官無失名譽延對曰臣聞忠臣不私私臣不忠履正奉公臣子之節上下雷同非國之福善事上官臣不敢奉詔帝歎息曰卿言是也旣之武威威行境內吏息民安祀名宦

黃讜汝南人光武初爲會稽太守辟郡人包咸爲主簿遣子師之任督郵鍾離意治屬縣救災卹患郡內大治

第五倫字伯魚京兆長陵人光武中爲會稽太守躬自斫芻養馬妻執炊爨受俸裁留一月糧餘皆賤貿與貧民會稽俗多淫祀好卜筮民常以牛祭神財產困匱前後郡將莫能禁倫移書屬縣巫祝有依托鬼神詐怖愚民及民有妄屠牛者案論之百姓以安永平五年坐法徵老幼扳車叩馬號呼相隨日裁行數

里倫乃僞止亭舍陰乘船去及詣廷尉吏民上書守闕者千餘人會帝幸廷尉錄囚徒得免歸田里祀名宦

尹興明帝時爲會稽太守歲荒民饑興遣戶曹陸續於都亭賦民饘粥續悉簡閱其民訊以名氏事畢興問所食幾何續口說六百餘人皆分別姓名無有差繆興異之刺史行部見續辟爲别駕從事楚王英謀反陰䟽天下善士有興名事覺興與門下掾陸續主簿梁松功曹史駟俱詣廷尉獄赦還田里

慶鴻洛陽人慷慨有義節與廉范爲刎頸交位至會

稽太守有異績

張覇字伯饒蜀郡成都人博覽五經永元中舉孝廉爲會稽太守始到越賊未解郡界不寧覇移書開購明用信賞賊遂束手歸附不煩兵力又入海追遺寇值大風士卒皆懼覇曰無恐太守奉法討賊風不爲害須臾風止遺寇皆獲表用郡處士顧奉公孫松等並有名稱其有業行者皆見擢用郡中爭勸習經者以千數道路但聞誦聲民歌曰棄我戟捐我矛盜賊盡吏皆休又曰城上烏鳴哺父母府中諸吏皆孝子

視事三年謂掾史曰太守起自孤生致位此老氏有言知足不辱遂稱病免歸祀名宦

馬稜字伯威扶風茂陵人援族姪也和帝初舉孝廉爲廣陵太守時穀貴民饑奏罷鹽官以利百姓興復陂湖溉田二萬餘頃吏民刻石頌之尋轉會稽太守治益有聲其後趙牧守會稽與稜並稱

陳重宜春人與鄱陽雷義友世稱雷陳舉孝廉爲同舍郎償錢數萬終不言遷會稽守有異政

馬臻字叔薦永和中爲會稽守創築鏡湖蓄水溉田

湖高於田丈餘田又高於海丈餘旱則洩湖灌田潦則閉湖泄田水入海是以雖遇旱潦而無凶年其塘周廻三百一十里溉田九千餘頃民甚賴之然是時漢祚日衰宦豎專政豪右惡臻乃使人飛章告臻創湖淹没人塚宅徵臻下廷尉及使人按覆詭稱不見人籍皆是先死亡者所下狀臻竟被誣以死其後越民承湖之利歷千數百年終鮮旱潦之患至今立祠湖上祀之

按舊志云臻創湖之始多淹塚宅有千餘人怨訴臻遂被刑於市及遣使按覆總不見人籍皆是先

死亡者審爾則臻旣結怨於幽明矣何爲民吏思之而廟祀至今耶今從戴志草於理爲近其說本嘉泰志非無稽也覽者察焉

殷丹永嘉中爲會稽守郡有孝婦爲夫妹所誣見殺連旱二年丹至刑訟女祭婦墓天即大雨

劉寵字祖榮東萊牟平人拜會稽太守山民愿朴有白首不入市井者頗爲官吏所擾寵簡除煩苛禁察非法郡中大化徵爲將作匠山陰縣有五六老叟龎眉皓髮自若邪山谷間出人齎百錢以送寵寵勞之曰父老何自苦對曰山谷鄙人未嘗識郡朝他日吏

發求民間至夜不絕或狗吠竟夕民不得安自明府下車以來狗不夜吠民不見吏年老遭值聖明今聞當見棄去故自扶奉送寵曰吾政何能及公言邪勤苦父老爲人選一大錢受之累登卿相廉約省素家無餘貲　祀名宦

蔣欽建安中孫策表爲會稽西部都尉治賊呂合秦狼等爲亂欽討擒之

淳于式建安中孫權表爲會稽太守時陸遜既平丹楊賊遂部伍東三郡强者爲兵羸者補户得精兵數

萬人式敬遜擾民及遜見權稱式佳吏曰式意在養民是以白遜

顧雍字元歎吳郡人建安中孫權領會稽太守不之郡以雍爲丞行太守事討除寇賊郡界寧靜吏民歸服

王闞字選公無錫人建武初爲山陰令不交豪傑公庭閒寂時號王獨坐

庾尚字儁平山陽湖陸人元嘉初除上虞長爲政嚴明興賢旌善發擿奸非吏民謂之神明擢門下書佐



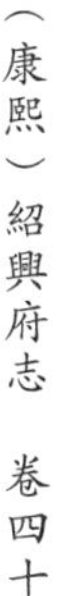

朱儁恒歎述之以爲不凡後儁卒爲名臣由是遠近奇尚有知人之鑑曹娥投江求父屍尚憐而塟之立廟令邯鄲淳作碑尚實八厨中人官至荆州刺史祀名宦

三國吾粲字孔休吳郡烏程人少時與同郡陸遜齊名初爲山陰令有能聲後爲會稽太守召處士山陰謝譚爲功曹譚以疾辭粲下教曰夫應龍以屈信爲神鳳皇以嘉鳴爲貴何必隱形於天外潛鱗於重淵者哉在官募民討平山越

滕胤字承嗣北海劇人太元初爲太守每聽詞訟察

言觀色務盡情理

車浚天璽初爲太守在官清忠值歲荒旱表求賑貸孫皓以其欲樹私恩殺之

陸凱字敬風吳郡人丞相遜族子也爲永興諸暨長所在有治迹寶鼎元年拜左丞相時吳王皓居武昌民苦泝流供給凱上疏諭諫還都建業及凱卒皓銜其切直徙其家於建安祀名宦

朱然字義封故鄣人本姓施氏女弟毗陵侯治乞以爲子遂冒朱氏嘗與孫權同書學結恩愛至權統事

以然爲餘姚長城其邑時年十九後遷山陰令然長不滿七尺而氣候分明内行修潔累戍戰功終左大司馬右軍師　祀名宦

朱桓字休穆吳人孫權爲將軍桓給事幕府除餘姚長遭歲疫癘穀食荒貴桓分部良吏躬親醫藥饘粥相繼士民感戴遷盪寇校尉終青州牧　祀名宦

吕岱字定公海陵人避亂江南遭孫權統事留歸之岱出處治應問甚稱權意因召署錄事出補餘姚長寬簡有雅量好賢愛士是時會稽賊吕合秦狼等爲亂

權以岱爲督軍校尉與將軍蔣欽將兵討平之拜臨信中郎將累封番禺侯

華覈字永元武進人爲上虞尉以文學政事名召入秘府預修國史

〔晉〕紀瞻字思遠丹陽秣陵人愍帝時除會稽內史時有詐作大將軍府符收諸暨令令已受拘瞻覺其詐便破檻出之訊問使者果伏詐妄人稱其明

諸葛恢字道明琅邪陽都人愍帝召爲尚書郎元帝以經緯須才承制調爲會稽太守臨行帝置酒謂曰

今之會稽昔之關中足食足兵在於良守以君有莅任之方是以相屈恢曰天下喪亂風俗陵遲宜尊五美屏四惡進忠實退浮華帝深納焉太興初以政績第一詔曰會稽內史諸葛恢莅官三年政清人和爲郡首宜進其位班以勸風教今增恢秩中二千石祀名宦

何充字次道廬江灊人成帝時除建威將軍會稽內史在郡甚有德政薦徵士虞喜拔郡人謝奉魏顗等以爲佐吏

王舒字處明琅邪臨沂人導之從弟成帝初爲撫軍

將軍會稽內史明年蘇峻反假節都督行揚州刺史事會吳國內史庾氷棄郡奔舒舒率衆與氷俱渡浙江而顧衆顧颺等並起兵應舒峻兵方交氷颺等數却吳興太守虞潭率所部屯烏苞亭不敢進舒遣子允之以精銳三千邀賊於武康破之斬首數百級賊遂遁走時臨海新安盜並起應賊舒分兵討平之陶侃上舒監浙東五郡軍事賊平以功封彭澤侯祀名宦

王述字懷祖司徒渾之族穆帝時遷會稽內史蒞政清肅終日無事子愉亦爲會稽內史

王藴字叔仁太原晉陽人太原三年爲鎮軍將軍會稽内史都督浙東五郡事藴素嗜酒在郡畧無醒日然以和簡爲百姓所悦

王彪之爲會稽内史鎮東將軍居郡八年豪右斂跡

沈叔任武康人少有幹質爲山陰令職務靡不舉者後爲益州刺史

江統字應元陳留人襲父爵除山陰令有善政嘗作徙戎論數千言諷朝廷備其萌時不能用

干寶字令升新蔡人有良史才領國史後補山陰令

有令名

魏顗字長齊會稽人世稱四族之雋及爲山陰令果以政蹟顯著時益稱服之

王淮之字元曾臨沂人義熙中爲山陰令有能名以討盧循功封都亭侯

山遐字彦休懷人也爲餘姚令值江左初基于時法禁弛不振豪族多挾藏戸口遐悉繩以峻法有論死者到縣八旬出戸萬餘諸豪莫不切齒然遐輒益造縣舍衆遂以此傾遐矣遐巳收坐猶上書會稽内史

願更留縣百日益窮治逋逃不許竟坐免官復召爲東陽太守以嚴猛聞

顔含字弘卿瑯琊人元帝時令上虞簡而有威明而能斷後遷吳郡太守

周鵬舉字垂天會稽人爲上虞令有惠政遷雁門太守及去任全家溺死漁浦湖民追思之祀以爲神

按圖經云鵬舉自鴈門還會稽遊上虞驛亭東有漁浦湖乘白馬沉湖化去其說近妄今用萬志草云

傅𦕈涇陽人爲上虞令甚著政績卒于官其孫隆因家上虞隆爲會稽征冦叅軍博學多通尤精三禮仕

終戸部尚書

王鎮之字伯重臨沂人父隨之爲上虞令因家焉鎮之始令剡再令上虞又令山陰並有聲爲桓温録事參軍銜命賑恤三吳糾會稽内史王愉不奉符旨爲貴盛所抑以母老求補安成太守母憂去職在官清潔妻子無以自返乃棄家致喪還塟上虞服闋爲征西司馬南平太守後爲御史中丞執政不撓百僚憚之出爲廣州刺史在鎮不受俸祿蕭然無營去官之日不異初至

徐祚之剡人爲上虞令政教修舉士民咸得其所子羨之亦令上虞見王侯傳

王雅字茂達東海剡人爲永興令以幹理著稱雅性好接下敬慎奉公孝武帝深加禮遇官至左僕射

周翼郄鑒之甥少遇饑亂賴鑒得存鑒亡翼爲剡令遂解職歸心喪三年後歷青州刺史少府卿

南北朝

褚淡之字仲原河南陽翟人宋景平二年爲會稽太守富陽民孫法先聚族謀逆其支黨在永興潛相影響縣令羊恂率吏民拒戰力少退敗賊遂磐據

直攻山陰淡之自假凌江將軍以山陰令陸邵領司馬王茂之爲長史孔欣謝芩之並參軍事賊擢鋒而前去郡城二十餘里淡之遣陸邵督水軍行參軍漏恭期將步軍合力禦之而身率所領出次近郊恭期等與賊戰於柯亭大破之 祀名宦

羊元保太山南城人景平間爲會稽太守太祖以元保廉素寡欲故頻授名郡爲政雖無幹績而去後常見思不營財利處家儉薄

張裕字茂度吳郡人名與武帝同以字稱元嘉中除

會稽太守素有吏能在郡縣職事甚理卒謚曰恭子演鏡永辯岱俱知名時人謂之張氏五龍永在宋時爲餘姚令有政績後領會稽太守都督五郡以破薛索兒功封孝昌縣侯

蔡興宗字子度濟陽考城人明帝時遷鎮東將軍會稽太守都督五郡軍事時民物殷阜王公妃主邸幸近習邸舍相望咸封畧山湖責取利息滋長無窮民甚病之興宗悉裁之以法奏加禁罷及奏蠲諸逋負解遣雜役民困以蘇郡舊有鄉射禮自羊元保去官

久廢興宗復舉行之禮儀甚整祀名宦

王僧虔曇首之子也太始中爲會稽太守中書舍人阮佃夫請假還東或勸僧虔宜加禮接僧虔曰我立身有素豈能曲意權幸彼若見惡當拂衣去耳

洪現爲會稽太守罷歸廉無資不欲令人知其清乃以船載土而去

沈懷文字思明豫章王子尚鎮會稽遷撫軍長史行府州事時囚繫甚多動經年月懷文到任讞五郡九百二十六獄衆咸稱平

竟陵王蕭子良字雲英武帝第三子也昇平三年爲會稽太守都督五郡元嘉中皆責成郡縣孝武後徵求急速以郡縣遲緩始遣臺史自此公役勞擾及齊代宋子良請息其弊子良敦義愛古郡人朱百年有至行既卒賜其妻米百斛蠲一人給其薪蘇山陰人孔平訟嫂市米負錢子良歎曰昔高文逞與寡嫂訟田義異於此乃賜米錢以償平

蕭鏘字宣昭齊高帝第五子也母羅氏從高帝在淮陰以罪誅鏘年四歲思慕不異成人每慟吐血高帝

勑武帝特保持之高帝雖爲方伯而居處甚貧諸子學書無紙筆曄嘗以指畫空中及畫掌學字遂工篆法又學詩工長短句建元二年爲會稽太守加都督上遣儒士劉瓛往郡爲曄講五經曄性輕財重義有古人風罷會稽還都齊中錢不滿萬俸祿所入皆與賓僚共之常曰兄作天子何畏弟無錢居止附身所須而已封武陵昭王

陸慧曉字叔明吳郡人晉太尉玩之元孫也慧曉清介正立不雜交游會稽内史同郡張緒稱之曰江東

裴樂也及武陵王曅守會稽上爲精選僚吏以慧曉爲征虜功曹慧曉歷輔五政立身清肅僚佐以下造詣必起送之或問慧曉曰長史貴重不宜妄自謙屈答曰我性惡人無禮不容不以禮處人未嘗慢士大夫或問其故慧曉曰貴人不可輕而賤者乃可輕人生何容立輕重於懷抱終身常呼人位三子僚任倕並有美名時人謂之三陸

一統志慧下落曉字蓋寫刻之悞又以慧曉爲會稽內史則讀史之悞今並正之

顧凱之字偉仁吳郡人令山陰山陰素號繁劇前後

令事事雜雜罔休息事猶病不舉凱之理繁以約縣曹無事晝日垂簾晏如也自宋世爲山陰者務簡績修吏治握體要必稱凱之孝建元年爲義陽王㫤東中郎長史行會稽郡事大明初爲吳郡太守幸臣戴法興權傾人主凱之未嘗降意蔡興宗與凱之善嫌其風節過峻凱之曰辛毗有云孫劉不過使吾不爲三公耳泰始初普天叛逆莫或自免惟凱之心迹清全太宗嘉之復以爲左將軍吳郡太守子綽私財甚豐鄉人多負其責凱之每禁之不從及爲吳郡誘綽

曰民間與汝交關有幾許不盡爲汝督之緯書出諸券與凱之凱之悉焚燒宣語負三郎責皆不須還券燒之矣嘗言秉命有定非智力所可移妄求僥倖徒虧雅道云卒謚簡其孫憲之亦號清直齊高帝時爲東中郎長史行會稽郡事郡人呂文度有寵於武帝於餘姚立邸頗縱橫憲之至郡卽表除之文度後還喪母郡縣爭赴弔憲之不與相聞文度深銜之然卒不能傷也遷南中郎巴陵王長史

蕭祗字敬式梁普通中爲東陽州刺史於時江左承

平政寬人慢祇獨蒞以嚴切武帝悅之遷北兖州刺史

庾蓽字休野新野人梁高祖平京邑爲輔國長史會稽郡丞行郡府事時承彫弊之後百姓凶荒所在穀貴石米貿錢數千民多流散蓽撫循甚有治理惟守公祿清節逾厲天監元年卒無以殮柩不能歸高祖聞之賜絹百匹米五千斛

江蓽字休暎濟陽考城人少孤貧力學有節槩武陵王紀在東州頗驕縱上除蓽長史會稽郡丞行太守

事華門生故吏家多在東聞華至並齎持緣道迎候華悉拒不受在官惟資公俸食不兼味郡境殷廣詞訟日數百華判決如流吏民畏懷瑯琊王蹇爲山陰令贓貨狼籍望風自解去每侍王讌言論必以詩書王敬憚之因更耽學好文徵拜都官尚書不納贈遺所乘舟輕易蕩江行不得安臥乃取西興岸石十餘片以實之其清如此

蕭濟字孝康蘭陵人好學博通經史陳文帝守會稽以濟爲長史官民賴之帝卽位授侍中

張岱字景山裕之子宋時爲司徒左曹掾母年八十岱便去官還養有司以岱違制將欲糾舉宋孝武曰觀過可以知仁不須按也累遷山陰令職事閑理齊武帝即位復爲吳興太守岱晚節在吳興更以寬恕著名或謂岱曰公每能輯和公私何以致此岱曰古人言一心可以事百君我爲政寬平待物以禮悔吝之事無由而及

徐豁字萬同東莞姑幕人永嘉初爲尚書左丞山陰令精練法理爲時所推元嘉初爲始興太守表陳三

事文帝嘉之賜絹二百疋穀千斛徙廣州刺史

傅僧祐北地靈州人有吏才兩爲山陰令以異政著稱　子琰字季珪泰始中亦爲山陰令尤號明察以功最賜新亭侯遷尚書左丞及齊太祖輔政以山陰獄訟煩積復以琰爲令有賣針賣糖二姥爭團餙詣琰琰縛餙於柱鞭之密視有鐵屑乃罰賣糖者又二野父爭鷄琰各問所飼一人云豆一人云粟破鷄得粟罪言豆者縣內稱其神明後爲廬陵王長史南郡內史行荆州事　琰子翽復爲邑令孫廉嘗請曰聞

丈人發姦擿伏如神何以至此覿曰惟勤與淸爾淸則法無不行勤則事無不理傳氏三世官山陰並著奇績世傳其家有治縣譜云

江秉之字元叔考城人山陰民戶三萬訟者日數百人秉之御煩以簡常得無事歷遷新安臨海太守並以簡約見稱在任嘗作一書案去官日留付庫中其介如此

沈憲武康人少有幹局歷烏程令齊太祖以山陰戶衆難治欲分爲二世祖啓曰縣豈不可治顧用不得

人爾乃以憲爲山陰令治聲大振孔稚珪請假東歸謂人曰沈令斷事特有天才後爲散騎常侍　孫濬在梁時亦爲山陰令以治行聞遷御史中丞

王沉字彦流東海人爲山陰令遷長沙太守居官以廉慎著稱久歷仕宦槖無餘貲死無以殮吏爲營棺而歸

劉元明臨淮人爲山陰令治行爲當時第一及去傅琰子翽代之問元明曰願以舊政告新令何如元明曰我有奇術卿家譜所不載臨別當以告卿既而曰

作縣令惟日食一升米而勿飲酒此第一策也

王詢永泰初爲山陰令會稽太守王敬則將舉兵反召詢問發縣丁可得幾人府庫物錢有幾詢曰縣丁卒不可得府庫物多未輸入敬則怒斬之乃起兵過浙江

丘仲孚字公信烏程人靈鞠從孫少好學靈鞠稱爲千里駒齊永明中充國子生王儉曰東南之美復見丘生王敬則反拒守有功遷山陰令有聲百姓謠曰二傅沈劉不如一丘尤長於治劇適權變號稱神明

遷豫章內史撰皇輿二十卷南宮故事一百卷又尚書具事雜儀若干卷湖州志

謝岐山陰人爲尚書金部郎令山陰侯景亂岐寓東陽景平依張彪彪在吳郡及會稽庶事一以委之

褚玠字溫理陳大建中爲中書侍郎時山陰多豪猾前後令皆以污免宣帝患之以玠廉幹遂用爲令縣人王休達輩賄賂通姦隱沒丁戶玠乃收休達具狀啟臺宣帝手勑慰勞遣使助玠括出軍人八百餘戶時曹義達爲宣帝所寵縣人有諂事義達憑其勢暴

橫者玠執鞭之吏民股栗莫敢犯
劉杳字士深平原人梁時令餘姚門無私謁以清潔著稱湘東王繹發檄褒美之大通元年爲步兵校尉兼東宮通事舍人昭明太子謂曰酒非卿所好而爲酒府之職政爲卿不愧古人耳累遷尚書左丞卒杳清儉無所嗜好自居母憂便長斷腥羶持齋蔬食臨終遺命斂以法服載以露車還葬舊墓其子遵行之撰要雅五卷楚辭草木疏一卷高士傳二卷東宮新舊記三十卷古今四部書目五卷文集十五卷並行

於世 祀名宦

沈瑀字伯瑜武康人初爲建德改令餘姚姚大姓虞氏千餘家日請謁縣官如市又縣南豪族數百家子弟縱橫相引庇爲患瑀下令曰敢私謁者繩以法大姓猶玩習縣官令如戲輒謁瑀瑀輒坐以法召縣南老豪爲石頭倉監少者補縣傭皆失勢路號又按縣吏敢貴倨僭服用者諸豪多怨恨瑀然瑀潔廉自保以故無敗先自山陰呂文度有寵於齊武帝治邸餘姚殊橫吳人顧憲之臨郡表除之餘姚諸大豪更此

兩人鷹擊毛摯爲治皆屏息重足然細民頗安枕矣

祀名宦

卞延之濟陰宛句人弱冠爲上虞令有剛氣會稽太守孟凱以官長凌之延之積不能容脫幘投地曰我所以屈卿者正爲此幘耳今已投之卿矣卿以一世勳門而傲天下國士耶拂衣而去　子彬字士蔚齊建武中爲諸暨令俊拔有才長于詞賦然飲酒自放仕故不達云

周洽汝南人齊時歷上虞令廉約無私卒於都水使

者

蕭眎素性靜退少嗜欲好學能詩梁時由中書侍郎來爲諸暨令到縣浹旬即掛冠去

裴子野字幾原河東聞喜人少好學善屬文天監中爲諸暨令不行鞭罰民有爭者示之以禮皆感悅而去歲餘合境無訟初子野曾祖松之在宋元嘉中修何承天宋史未成而卒子野更撰宋畧二十卷其叙事評論多善武帝以爲著作郎脩國史子野久在禁省默靜自守及歸茅屋數間妻子恒苦饑寒人以師

道推之

周顒字彦倫汝南安城人長於佛理兼善老易嘗隱鍾山元徽中爲剡令有恩惠百姓思之累官國子博士復欲歸隱孔稚圭作北山移文嘲之然稚圭亦不能隱也

張稷字公喬吳人幼有至性生母劉遘疾時年十一侍疾終夜不寢及終哀毀瘠立父及嫡母繼沒結廬墓側六年州里謂之純孝永明中爲剡令會山賊唐寓之作亂率衆拒之保全縣境俸祿皆頒親故家無

贏財祀名宦

隋慕容三藏燕人也父紹宗齊尚書左僕射東南道大行臺三藏幼聰敏多武畧頗有文風開皇元年授吳州刺史百姓愛悅

唐麗玉京兆涇陽人仕隋爲監門直閣唐秦王東徇洛玉率萬騎降高祖以隋舊臣禮之玉魁梧有力明軍法久宿衞習知朝廷制度故授玉領軍武衞二大將軍使衆觀以爲模矱從秦王征伐擒薛仁杲平隴西尋爲梁州總管巴山獠叛悉討平之徙越州都督

威望甚著盜不敢入境召爲監門大將軍太宗以耆厚令主東宮兵雖老不怠卒贈幽州都督工部尚書越人思其遺澤祀爲城隍之神詳祠祀志

闞稜齊州章丘人武德四年六月自左領軍將軍從越州總管輔公祏反稜討之與賊將陳正通遇稜免冑示賊曰我闞稜也爾何敢戰賊皆奪氣有望拜者稜遂奮擊破之

李大亮涇陽人有文武才畧高祖入關大亮自歸授上門令方歲饑境多盜大亮招撫流離勸墾田業閒

出擊盜所至輒平武德七年爲越州都督在州寫書數百卷及遷交州刺史委之廨宇而去尋都督凉州太宗賜荀悅漢紀曰悅議論深博極爲政之體公宜繹味之

竇懷貞嗣聖中自尚方監出爲刺史以廉幹著稱

姚崇字元之陝州硤石人睿宗時爲中書令元宗在東宮太平公主干政宋王成器等分典禁兵崇與宋璟建言請王就東都出諸王爲刺史以一人心主怒太子懼上疏以崇等甚間王室貶申州刺史移徐潞

二州遷越州爲治簡肅所至人德其惠政後入輔元
宗爲開元賢相　祀名宦
韓滉字太冲京兆人宰相休之子也以蔭補官性強
直明吏事貞元初爲浙東西觀察使綏輯百姓均租
調不踰年境内稱治李希烈陷汴州滉遣王栖耀等
破走之漕路無梗克靖東南滉功居多
皇甫政貞元三年爲浙東觀察使在鎮十年多惠蹟
修治水利開鑿玉山朱儲二斗門以時蓄洩民甚德
之

裴肅孟州濟源人貞元中爲浙東觀察使盜栗鍠誘山越爲亂陷没州縣肅引兵討平之

楊於陵字達夫漢太尉震之裔擢進士第節度使韓滉奇於陵以女妻之滉居宰相於陵不肯調退廬建昌以書史自娛樂滉卒乃入爲膳部員外郎德宗雅聞其名拜中書舍人遷浙東觀察使越人饑請出米三十萬石贍貧民政聲流聞入拜京兆尹終尚書左僕射於陵器量方峻進止有常度節操堅明始終不失其正時人尊仰之　祀名宦

薛革河中寶鼎人元和二年自湖南觀察使移浙東在任四年以治行遷浙西加御史大夫居官守法度務在安人治身儉薄一綠袍衣十年至換緋乃易更歷重鎮聲樂不聞於家

李遜字友道元和中自衢州刺史以政最擢浙東觀察使當貞元初福建軍亂前觀察使奏益兵三千屯於境以折閩衢遂爲長戍遜署事即停之爲政扶弱抑强境内稱理

孟簡字幾道德州平昌人元和中爲浙東觀察使於

山陰縣北開新河又於縣西北開運道塘民甚稱便其後陸亘繼之又置新逕斗門亘字景山吳人也明察嚴重以善政稱

薛戎字元夫河中寶鼎人元和十二年拜越州刺史兼浙東觀察使先是觀察使令所部州民有犯酒禁及橘未黃而先鬻者罪皆死戎至悉除去煩苛儉出薄入以致和富四境之内竟歲無一事後以疾去卒於途韓昌黎爲誌其墓

元稹字微之河南人長慶三年爲浙東觀察使明州

歲貢蚌役郵子萬人不勝其疲積奏罷之辟諸文十爲幕職與副使竇鞏等爲秦望鏡湖遊月至三四焉相與倡酬爲詩動盈卷帙後人謂之蘭亭絕唱

王式太原人大中十四年觀察浙東劇賊裘甫亂明越觀察使鄭祗德不能討選式往代式以受知宰相夏侯孜奏求無不從遂得擒甫斬之加檢校右散騎常侍餘姚民徐澤專魚鹽之利慈谿民陳瑊冒名仕至縣令皆豪縱州不能制式曰甫竊發不足畏若澤瑊乃巨猾也窮治其姦皆搒死遠近歎動以功進檢

校工部尚書徙武寧軍節度使所至有威畧惠政其後弟龜復爲浙東觀察使人皆舞蹈迎之祀名宦

黄碣閩人初爲閩小將喜學問志向軒然同列有假其筆者碣怒曰是筆他日斷大事不可假治婺州有政績董昌爲威勝軍節度使表碣自副及昌反碣諫曰大王扳田畝位將相乃自尊大誅滅無種矣昌令曳出斬之以首至昌詬曰賊負我三公不肯爲而求死耶抵溷中族其家百口坎鏡湖之南同瘞焉昌誅詔贈司徒

張遜乾寧初爲山陰令董昌反自號大越羅平國改元順天署置百官召遜知御史臺遜固辭曰王自棄爲天下笑且六州勢不助逆王據孤州秪速死爾昌怒曰遜不知天意以邪說拒我囚之宅門謂人曰我縱無遜何乏於事乃殺之

李俊之開元中爲會稽令縣東北有防海塘自上虞江抵山陰百餘里以潴水溉田俊之增修焉民賴其利其後令李左次又增修之祀名宦

吳鐐乾寧初爲會稽令董昌反召鐐問策鐐曰眞諸

侯遺榮子孫頎不爲乃爲假天子自取滅亡邪昌怒叱出斬之併族其家

崔協博陵人大中元年以戶曹攝上虞值歲大旱民賦無所出協請蠲於上不許遂傾家貲代輸之及卒邑人立廟祀之至今縣西六里有崔公祠祀名宦

金堯恭寶曆中令上虞堯恭於縣西北置任嶼湖與梨湖灌田二百餘頃興利除害民甚德之

郭密之天寶中令諸暨建義津橋築放生湖溉田二千餘頃民便之

宋喻樗字子才其先南昌人後徙嚴州少從楊時游深入閫奥舉進士累官工部郎中嘗紹興間力主正論爲時師表孝宗初擢爲浙東提舉以治績聞所著有易義及四書性理窟行于世

程大昌字泰之休寧人紹興中進士著十論言當世事獻之朝有聲於時乾道中爲浙東提刑會歲豐酒稅踰額有挾朝命請增額者大昌力拒之曰大昌寧罪去酒額不可增也

朱熹字元晦婺源人淳熙中浙東大饑朝命熹提舉

浙東常平茶鹽公事始受職即移書他郡募米商糴其征及至則客舟之米已輻輳於是鈎訪民隱按行境内單車屛徒從所至人不及知郡縣官吏憚其風采有自引去者所部肅然凡丁錢和買役法榷酤諸弊政有不便於民者悉蠲革之隨事區畫必爲長久計又令諸縣各立社倉每年斂散每石取息二斗凶歲則蠲其息越民賴之會劾奏台州守唐仲友與宰相王淮忤遂乞奉祠去祀名宦

曹豳字西士溫州人嘉泰中進士端平初爲浙東提

刑寒食放囚歸祀其先囚感泣悉如期而至召拜左司諫與王萬郭磊卿徐清叟並負直聲時號嘉熙四諫

徐鹿卿字德夫豐城人嘉定中進士調南安軍教授嘗應詔上封事眞德秀稱其氣平論正歷江東轉運判官歲大饑人相食鹿卿設法賑救全活甚衆隨移浙東提刑兼提舉常平鹿卿請罷浮監經界嫌地先徹相家所築就捕者自言我相府人鹿卿曰行法必自貴近始卒論如法丞相史彌遠之弟遹判溫州利

韓世忠家寶玩籍之鹿卿奏削其官終華文閣待制卒謚清正

黄震字東發慈谿人中進士通判廣德軍時社倉大獘衆以始自朱熹不敢議震曰法出於聖人猶有變通況先儒乎爲别買田六百畝以其租代社倉息尋通判紹興有獲海寇功累遷浙東提舉未明視事事至立決能撫安饑民禁戢奸盜福王與芮判紹興詔震兼長史震辭曰朝廷之制尊卑不同而紀綱不可紊雖藩王位尊監司得言其失今爲其屬豈敢察其

過乎遂不拜長史先是楊簡倡陸學士皆翕然宗之震獨力興朱學每閱經史輒疏其精要名曰日抄行世云 祀名宦

任布字應之河南人進士及第歷知宿州越州守闕寇準曰越州有職分田歲入且厚非廉士莫可予乃徙布越州至郡以純約自守其子遜因貧上書詆布御史魚周詢乃引遜語劾之人謂詢亦遜類云

蘇壽武功人祥符初以大理丞出知蕭山明剛柔審利害人稱其治天聖九年復知越州摧強照弊曾未

期月威聲大振

蔣堂字希魯宜興人景祐中知越州前守建言鑑湖寖廢聽民自便多爲豪右所侵堂奏復之累遷左司郎中以尚書禮部侍郎致仕　祀名宦

范仲淹字希文蘇州人初知杭州賑饑民爲術甚備後以吏部郎知越州有惠政嘗作清白堂記以見意旣去越人祠祀之至今郡中有泉曰清白有亭曰希范郡前有坊曰百代師表蓋久而不忘如此　祀名宦

王逵濮陽人皇祐初知越州濬治城隍布宣政令志

有執持果於典章大爲會稽所推服西園有池名曰
王公蓋越人致其思云
張友直字益人陰城人士遜子也嘉祐初知越州越
俗以春斂財作僧道大會士女駢集友直下令禁止
即取所斂財建學以延諸生
沈遘錢唐人仁宗朝進士歷知越州爲人疎儁博達
明於吏治鼎建黌宫崇獎儒道官至翰林學士
趙抃字閱道衢州人熙寧中知越州兩浙旱蝗米價
湧貴諸州皆禁增米價抃獨榜衢路令有米者任其

照時增價糴賣於是諸州米商競集米價更賤於他州初百姓饑疫死者過半抃曲盡救荒之術療病者瘞死者復下令修城使民得食其力越人得免於饑語具曾鞏越州救菑記中後叅知政事求去位乃出知杭州抃長厚清修因俗施政寬猛不同要以惠利爲本云祀名宦

程師孟字公闢蘇州人起進士知錢唐有聲後爲集賢修撰賀契丹生辰至涿州契丹命席迎者正南向涿州官西向宋使价東向師孟曰是卑我也不就列

自日昃爭至暮從者失色師孟辭氣益厲叱儐者易之歸改判將作監知越州爲政寬猛適宜訟者非死罪不繫獄然發摘奸伏如神得豪猾必痛懲之至剿絕乃已所部肅然越人皆愛戴焉終光祿大夫祀名宦

鄭穆字閎中侯官人元豐中知越州先是鑑湖旱乾民因田其中官籍而稅之旣而連年水溢民逋官租積萬緡穆奏免之

豐稷字相之鄞人神宗朝自穀城令拜御史遷右司諫糾正奸回不避貴倖徽宗初召爲御史中丞劾蔡

京奸狀又論曾布不宜入相諸權奸交嗤之竟以樞
密直學士知越州尋坐貶卒塟會稽建炎中追復學
士謚清敏子孫有家上虞者

劉韐字仲偃崇安人宣和初知越州時民侵耕鑑湖
輸官租歲二萬斛久而湖盡涸爲田租衍至六萬有
司督責甚嚴多逃去復勒隣户代償韐至奏蠲之方
臘反於青溪將攻越越人大震或具舟請韐出避韐
曰吾爲郡守當與城存亡去將安之乃築城爲守備
令民富者出財壯者出力士民皆奮賊至破之靖康

二年幹死事於汴喪還過浙越人感其遺惠相與哭奠於道祀名宦

翟汝文字公巽丹陽人靖康初以顯謨閣學士知越州兼浙東安撫使奏減越州和買絹五萬疋民甚德之建炎二年杭州卒陳通叛新昌民盛端才謀率衆應之汝文捕斬端才引兵討通郡境以安紹興初召爲參知政事先是汝文在密秦檜爲郡文學汝文薦其才故檜引用之然汝文性剛不屈對案相詬至目檜爲濁氣卒爲檜所傾罷歸祀名宦

張守字子固常州人以資政殿學士知紹興會朝廷遣使括財賦所至立威韓球在會稽所歛五十餘萬緡守入覲爲上言之詔追罷諸路使者秦檜怒其損國嘆曰彼謂損國乃益國也卒謚文靖祀名宦

朱勝非字藏一蔡州人上舍登第繼張守知紹興奏減和買絹克紹前美崇祀先賢大彰風教呂頤浩引勝非代爲都督給事中胡安國劾之乃罷命仍知紹興郡治有賢牧堂初祀范仲淹後乃以趙抃趙鼎張守翟汝文及勝非配焉

王綯字唐公吳人紹興中以參知政事出守越爲人剛正無所阿附每以祿不及親爲恨終身自奉甚薄不求第宅著論語解孝經解各若干卷內外制四十卷寓崑山薦福寺蕭然一室無異寒儒卒謚文恭

綦崇禮紹興中知府劉豫導金人深入揚楚震擾崇禮繕城厲兵簡舟艦以扼海道夙夜殫心食寢俱廢

祀名宦

趙鼎字元鎮聞喜人初以尚書右僕射兼知樞密院金人入犯鼎贊上親征果大破金人於大儀鎮張浚

久廢鼎薦浚可大任乃召知樞密院浚與鼎睽異鼎求去出知紹興恤吏愛民不以故相自奉未幾復相秦檜主和議與鼎不合竟謫鼎潮州安置遂卒於潮孝宗朝追謚忠簡　祀名宦

王師心紹興末知府時欲遷祐陵二十里內士民故塚師心固爭乃止獲免者七百餘家又薦獻之物舊取於民師心請以上供錢給直民甚德之

吳芾字明可僊居人初爲秘書正字與秦檜不合出判處婺越三郡皆有善政隆興間知紹興會稽賦重

而折色尤甚芾以陵寢所在奏免會稽支移折變時鑑湖久廢會歲饑出常平米募饑民浚治之嘗曰視官物當如已物官事當如私事與其得罪百姓寧得罪上官祀名宦

史浩字直翁鄞人初尉餘姚好修禮教捐俸構地作射圃引諸生習射其中封表嚴光墓道建祠祀之乾道四年知紹興復以私帑置義田給郡中賢士大夫之後貧無以喪葬嫁娶者其後郡守咸繼之山陰會稽餘姚三縣湖田二千七百餘畝地三十六畝山一

百十六畝官至右丞相封會稽郡王加封越王

李彥頴字秀叔德淸人舉進士爲簿丞歷知紹興勤約有惠政人皆德之彥頴自奉淡泊與州縣了不相聞累官觀文殿學士

王希呂字仲行宿州人避亂徙合肥用祖父蔭補官建炎間扈蹕南渡僑寓嘉興以事忤秦檜去迨孝宗朝召試登乾道五年進士除右正言疏斥佞臣張說出知廬州淳熙八年以龍圖閣學士知紹興府百廢具興敬禮賢士時紹興和買絹最爲民病雖屢經裁

減額數尤多希呂復奏減六萬七千疋太守洪邁繼
而行之由是越民始安仕終吏部尚書端明殿學士
晚移家會稽貧不能廬寓僧舍孝宗聞之賜地一區
錢六百萬緡令有司造第於越之東隅子孫世居於
此即今所稱後衙池也　祀名宦
丘崈字宗卿江陰人第進士乾道間知秀州築堤捍
海爲蘇湖秀三州無疆之利改知紹興威名益著累
官同知樞密院事謚文定　祀名宦
張杓廣漢綿竹人魏公浚仲子也淳熙中知臨安府

撫良戢奸恩威並著後改知紹興政如臨安其後子孫有家會稽者

洪邁字景盧鄱陽人皓季子也中博學宏詞科紹興末充翰林學士使金拘留使館後得還孝宗朝知紹興奏言新政以十漸爲戒上曰浙東民困於和買卿爲朕正之邁曰願盡力至郡覈盡絕戶四萬八千三百有奇減絹以疋計者如其數 祀名宦

王信字誠之麗水人初知湖州據案剖析敏如流泉擢集英殿修撰知紹興府兼浙東安撫使奏免適官

錢十四萬絹七萬疋綿十萬五千兩米二十萬斛山陰境有狹猹湖四環皆田歲苦潦信創啓斗門導停瀦注之海築十一壩化匯浸爲上腴民繪像以祀更其名曰王公湖又築漁浦隄禁民不舉子買學田立義塚衆職修理尋以通議大夫致仕 祀名宦

趙不流趙汝騰趙不迹並以宗室先後知紹興府皆能以廉慎持身恪勤共職治聲四聞

沈作賓字賓王歸安人初判紹興大守丘崈待僚屬甚嚴作賓從容裨贊每以寛和濟之慶元中遷爲守

是時韓侂冑用事其俗居越犯酒禁作賓逮捕于獄而寘其僕請減屬邑和買及歲修稽宮錢民感其惠祀名宦

袁說友建安人李大性端州人嘉泰間相繼爲守並有善政會稽郡志之成實前守趙不迹及說友始終之而大性傳家舊學宅心仁厚修舉社倉法廣營義塚尤爲越人所思

黃由字子由長洲人淳熙中進士第一通判紹興督行荒政于新嵊改糴爲賑擅發米五萬石予民不取

直嘉定初以正議大夫知紹興府聞嵊有虎患訛言虎有神變化叵測或爲僧或爲猨狙儵忽莫可踪跡由禱於神募人捕之殄滅無遺民賴以安官至刑部尚書兼直學士院贈少師

留恭字伯禮永春人丞相正次子初官浙西值大饑畢力賑恤全活甚衆後知紹興時稱循吏初正亦知紹興人謂父子濟美云

趙彦倓宗室子也嘉定中知紹興時楮價輕彦倓權以法民便之復鹿鳴禮置興賢莊以資其費築捍海

石城亦置莊以備修築會旱饑民聚湖峽中彥倓取尤因暴首刖足以狥遂散其黨乃策民高下損其稅有差免其輸湖籍田米舉緡錢四十萬以賑貧乏之民賴以濟

汪綱字仲舉黟縣人初知暨蕭二邑歷浙東提刑並有異政改知紹興兼安撫浙東訪求民瘼罷行之疏浚蕭山運河三十里創碑江口以止漲沙甃石通途凡十里中爲施水亭往來稱便諸暨十六鄉瀕湖諸鄉賴以灌溉勢家多侵湖爲田水壅不得去雨稍多

畈沉溢歲爲諸鄉害綱奏奪侵者不徇請託湖始復
舊備緡錢三萬歲爲築塘費塘始永固郡臨海道密
邇都畿軍伍單弱乃招水軍刺叉手專教習之不令
他役創營千餘間增繕甲兵緩急始有備寶慶初大
水發粟三萬餘石緡錢五萬賑之蠲租六萬有奇捐
瘠始蘇舊有經總制稅名四十二萬其中二十五萬
則紹興以來虛額也前後帥懼負殿以修奉攢宮之
資僞增焉綱調負殿之責小罔上之罪大撤其實以
聞詔免九萬五千緡宿弊始革紹定元年召赴行在

帝曰聞卿治行甚美越民何如對曰去歲水潦諸暨爲甚今歲幸中熟十年之間千里晏如皆朝廷威德所及臣何力之有尋以戶部侍郎致仕病卒越人聞之相率而哭綱在越佩四印文書山積而能操約御詳治事不過二十刻公庭如水卑官下吏一言中理慨然從之 祀名宦

魏了翁字華甫邛州人嘉熙初以資政殿學士知紹興初了翁與眞德秀同召爲翰林學士在朝凡七二十餘疏皆當時急務乃卒爲忌者所排擯出知潭州

後改紹到郡未幾而卒越人哀之謚文靖　祀名宦

季鏞字伯韶龍泉人以父衍恩補將仕郎歷官有聲擢知紹興府爲福王所敬篤實縝密愛民利國交際中禮舉事中節嘗薦何基士譽翕然歸之

包恢字宏父建昌人知紹興府所至有治聲奏疏剴切經筵講論懇至理宗每欣納焉度宗比之二程侍父疾滌除之役不命僮僕卒時有光隕地謚文肅

吳潛字毅夫寧國人舉嘉定進士第一人爲人忠亮剛直立朝屢有論列不顧忌諱淳祐中知紹興有政

蹟召拜參知政事左丞相後爲賈似道所擠安置循州而卒死之夕風雷大作撰遺表作詩頌端坐而逝祀名宦

常楙字長孺臨邛人第進士歷知紹興兼安撫浙東郡值水災捐萬楮賑之復請糴于朝得米萬石蠲苗三萬八千諸暨被水尤甚別給二萬楮付縣折運民不乏食各祀於其家山陰會稽死者暴露皆造棺斂之召爲刑部侍郎平反僞獄全活甚衆祀名宦

張遠猷字辰卿綿竹人咸淳中知府事蠲濫節冗輿

邑不擾於鄉運道淤塞嗣汪守之蹟疏浚西北河流七十餘里興禮學校作思明堂於府治後朔望考校月給芻米以助貧士城外遺骼時加歛埋越人德之因留家焉有屋數楹僅蔽風雨

胡向清江人皇祐進士倅越州奏課爲天下第一後官大理卿決獄仁恕爲時所稱

張詵字樞言浦城人第進士判越民苦衙前役詵科別人戶籍其當役者以差入錢僱人充之民皆稱便詵性孝友廉於財平生不置田產歷浙西轉運副使

神宗召對稱之曰卿與蔡挺每有論請令人了然累遷龍圖閣直學士

曾鞏字子固南豐人元豐中判越舊取酒務錢給募牙前不足則賦諸鄉戶期七年止期盡募者利於多入責賦如初鞏亟罷之歲饑度常平不足贍而田野之民不能盡至城邑乃諭富人使實粟十五萬石視常平價稍增予民民得不出田里而受粟又貸之以種使隨秋稅以償民食其惠鞏政事過人所至務去民疾苦文章與歐陽修齊名世稱南豐先生云祀名宦

陳璀字瑩中南劍州人爲人剛正忠直嘗受業於楊時元祐中簽書越州判官太守蔡卞知其賢每事加禮而璀測知其心術常欲遠之屢引疾求去章不得上檄攝判明州明州職田之入甚厚璀一無所取盡委之官而歸　祀名宦

汪應辰字聖錫玉山人年十八登紹興五年廷試第一授紹興簽判太守趙鼎委以郡務歲旱禱諸名山而雨民喜曰此相公雨鼎曰不然乃狀元雨也應辰始從呂居仁胡安國游張栻呂祖謙深器許之及在

朝力排和議與秦檜忤遂請祠歸益以修身講學爲事浩然之氣終身不屈趙鼎貶死朱崖特爲文祭之衢守章傑希檜意指應辰爲阿附死黨檜欲中以奇禍會檜死得免仕終端明殿學士

王十朋字龜齡樂清人紹興中廷試第一除紹興僉判既至人以書生易之十朋擿伏如神奸吏奪氣屬邑令來謁十朋置酒勉以詩云今日黄堂一樽酒殷勤應爲庶民斟時以四科求士太守王師心謂十朋身兼四者獨以應詔召爲秘書郎論薦張浚後浚敗

致仕卒謚忠文祀名宦

王介字元石金華人紹熈初進士授招慶軍判官寧宗立韓侂冑出入禁中文墨議論之士陰附之以希進介力攻其非坐是出判紹興諫官姚愈希侂冑旨劾介與袁爕皆僞學之黨或勸其自明介曰吾髮已種種豈爲狐鼠輩所使邪會不雨乞策免宰相史彌遠出知外府卒謚忠簡

葛邲字楚輔吳興人慶元初以觀文殿大學士出判紹興簡稽期會克勤其職即錢穀刑獄必親或謂大

臣均佚有體泌曰崇大體而畧細務吾不爲也

楊簡字敬仲慈谿人師事陸九淵洞徹精微學者稱爲慈湖先生乾道中爲紹興司獄毎臨犴狴必端默以聽務得其情紹興陪都臺府鼎立簡公明無頗惟理之從帥嘗怒一屬吏令簡鞫之鞫平啟其帥曰吏過詎能免今日實無罪必摘往事罝之法簡所不敢帥大怒簡取告身納之爭愈力朱熹爲常平使者首薦之乃改知嵊未涖任而嵊人重其人至今祀名宦焉

孫甓字叔靜錢塘人爲越州司法參軍太守趙抃器之薦知偃師縣

王唐珪字廷玉松陽人幼有大志以粟千石濟饑淳祐元年進士授紹興法曹攝監察御史上言守令不職由宰相姦邪史彌遠怒罷之

楊參越州錄事時郡多盜太守督責保長甚嚴一日有盜入民家其主拒而執之以送保長保長素苦盜以木杖擊死之守吏坐保長以殺人罪獄既具遣參案狀得實平反保長得免死越人頌之

沈公調宣和間州士曹椽方臘亂太守劉韐募民得賊首一級賞錢二萬公調諫曰若是必欲殺平民以希賞者不如令生擒而倍其賞韐然其言自是民或俘賊來獻必命公調覈之但誅其附賊者餘皆末減所活千百人　以上皆郡職

陳舜俞嘉興人寓居湖州慶曆中舉制科第一熙寧初以屯田員外郎知山陰青苗法行舜俞不奉令上疏自劾因極陳青苗之弊竟坐貶監南康軍鹽酒稅而卒士大夫咸深悲之

魯公亮字明仲晉江人英宗時舉進士知會稽聽訟明決吏莫敢欺鑑湖水溢爲民田病公亮立斗門泄水入曹娥江田始獲利後歷相三朝封魯國公謚宣靖初公亮嫉韓琦乃薦王安石以間之及同輔政一切更張公亮心知不可而唯唯順從世以此少之祀名宦

韓球建炎中令會稽政事修明民倚爲重時朝廷遣三使者括諸路財賦球處置有方斂錢五十餘萬緡以俟既而白諸太守張守守即求入覲爲上言之得寢事具守傳中

徐次鐸東陽人慶元中尉會稽廉明公謹政事修舉鑑湖漸廢屢請復之弗得乃曲爲營處民獲其利所著復鑑湖書在水利志中

趙與懽字悅道燕懿王八世孫嘉定中進士知安吉州調會稽尉善政敷洽歷官端明殿學士三爲府尹盡力民事都人稱趙端明必以手加額與懽愛君憂國本諸天性拜少傅卒遺表猶不忘規正嘗謂士大夫有貪聲則雖奇才與學徒以蠹國害民爾故其卒斂之夕金帶猶質錢民家云

杜守一景德二年以大理丞出知蕭山有德政縣東五里山常多虎守一爲令之二年虎負子渡浙江去邑人異之名其山曰去虎

楊時字中立南劍州人熙寧九年舉進士是時二程講明聖學時調官不赴以師禮見顥於頴昌其歸也顥目送之曰吾道南矣後復師頤於洛辨論西銘闡理一分殊之說始豁然無疑時年蓋四十矣乃杜門不出者十年政和初爲蕭山令經理庶務裁决如流以邑民歲苦旱開築湘湖灌溉九鄉民賴其利四方

之士聞時名不遠千里來從遊稱曰龜山先生時浮沉州縣四十七年晚居諫省僅九十日以龍圖閣直學士致仕卒年八十三謚文靖祀名宦

顧冲錢塘人淳熙中知蕭山到任適歲旱湘湖水利不均民爭不已冲乃度地勢高下放泄後先勒定時刻約束甚嚴又禁侵湖爲田者并酌舊議少損八鄉以益許賢一鄉民始得其平其他善政多類此

張暉淳熙中知蕭山寬猛適宜民畏而愛之會諸暨水溢詔開紀家滙浚蕭山新江以殺水勢暉上言諸

暨地高蕭山地下山陰則沿江皆山疏小江可導諸暨之水欲浚新江其底石堅不可鑿若開紀家滙則水逕衝蕭山桃源等七都田廬爲沼矣時蔣芾爲浙東提刑主諸暨之請欲開滙畢力爭之曰畢頭可斷滙不可開乃止蕭邑賴之

郭淵明字潛亮嘉定中知蕭山鋤刈宿豪禁民婚嫁不以時又疏濬湘湖利及四境太守刁約聞之曰郭蕭山厭民望矣 祀名宦

趙善濟四明人乾道中丞蕭山頑民徐彥明獻計恩

平郡王欲以湘湖爲田善濟力爭之得寢歲旱九鄉人多爭水構訟集議繕修湖防至今賴焉又有丞鄭承議者不畏強禦朱統制在縣縱牧卒侵刈鹽場草鹽司奏其事榜許格捕卒刈草如故亭戸捍之致殺傷其四人朱屬吏以毆擊論死者八人獄成令已署案次及丞鄭責吏曰榜既許人格捕殺之罪輕今以他事論死民甚負寃案不得書我名吏遑懼退易前案八人皆免死

游酢字定夫建陽人師事二程時以游楊並稱天聖

中舉進士調蕭山尉辨決疑獄人稱神明在官數年
德惠旁洽用廷臣薦召爲太學錄歷知和舒濠三州
伊川嘗言游君問學日新政事亦絕人遠甚 祀名宦

謝景初字師厚陽夏人慶曆中自大理丞出知餘姚
視民如子民所利病相緩急爲設方畧務令得所姚
北偏瀕海歲苦海患爲築堤捍之境內多湖陂豪強
率侵爲田爲具奏禁止民又每爭水泉乃創立規繩
簿記其高下廣狹啓閉晷刻令各鄉遵守其後令王
叙趙子潚常褚皆梓之名曰湖經自是有盜湖爭利

者證經麺息至今不改瀕海之民多盜煮海禁之不止乃頒示約束令民無失利法亦罔忤而鹽課倍昔又飭厲學官化誨子弟當是時景初知姚其弟師立知會稽王介甫知鄞韓玉汝知錢唐皆有聲吳越間稱四賢云祀名宦

汪思溫字汝直鄞人擢甲科傳令餘姚姚鄰接壤思溫熟知其俗每有興革必順民所欲惡民皆父母戴之前令謝景初所築海堤歲久且圮思溫繼修其功並海七鄉之田盡復其故每念水利大計曲愼其防

官終顯謨閣學士 祀名宦

趙子潚字清卿宋宗室也宣和中進士爲衢州推官時苗劉肆逆兵薄城子潚堅壁拒之城賴以全壽知餘姚有大豪結黨持縣事縣官莫敢誰何子潚窮治其罪由是百姓震悚俗好訟每投牒率千百子潚口決手判無一弗得其情新學宫給廩餼督子弟興學校去縣民立石志思道出上虞遂家焉官終龍圖閣學士 餘姚祀名宦 上虞祀鄉賢

施宿字武子長興人慶元初知姚其爲政務大體與

廢舉墜不事細謹尤加意風教市田置書教誨學者

姚北瀕海歲役民修隄勞費甚宿更爲石堤建莊田

二千畝以備增修功與前令謝景初並稱云祀名宦

李子筠簿姚號李水晶有茶商航海與海船相遭吏

疑爲盜相格鬭殺傷十餘人久繫不決太守趙抃檄

子筠治之子筠曰犯時不知在律勿問具聞于州杖

遣之抃大稱賞焉又有尉楊襲璋淮南人也能威制

豪彊窮捕海寇終其任盜賊屏息値亂不得歸百姓

爲營田宅居之遂家於姚

王存字正仲丹陽人慶曆間學者方尚彫琢存獨爲古文登進士遷上虞令豪族殺人存至按治如法豪賂他官變其獄存以故入罷去久之除密州推官修潔自重甚爲歐陽修呂公著所知累官國史編修修起居注時起居注雖日侍而奏事必禀中書俟旨存乞復唐貞觀左右史執筆隨宰相入閤故事神宗韙其言聽直前奏事自存始也尋爲右正言數以論事切直左當事者改知杭州致仕

陳休錫趙不擢後先令上虞並加意水利疏聞於上

禁民不得淤湖爲田自是他邑或病旱獨上虞得湖水屢稔民甚德之 並祀名宦

葉顒字子昂興化人紹興中爲上虞令凡徭賦令民自徵以次輸於庭親視收之吏胥不得爲奸民大稱便時帥令夏稅先期輸十之八顒請緩之帥怒顒不顧及麥熟稅完顒爲諸邑冣嘗慨士不趨學斥大庠舍勸掖備至乾道初拜相引用名流廉約終身先廬隘甚不益一椽卒謚正簡子元泳復令上虞助田養士人稱濟美云 並祀名宦

江大定字季應鄞人淳熙中令上虞政務平易才敏而慮周時魏王愷於四明使者旁午上虞通明堰最高潮水乍至輙囘喪舟不克濟大定乃相視地形復興舊閘增浚查湖開支港剏小堰以通餘舟募游手二百人别以其色列左右俟大舟入閘即引湖水灌之水溢堰平衆力挽疾行餘舟畢濟民用不擾使者稱不絕口

婁寅亮字陟明永嘉人政和進士丞上虞政事有聲高宗幸越上書請育太祖後爲嗣上讀之感悟以其

言宗社大計擢監察御史寅亮之後有丞汪公亮廉潔能文章作縣治朱娥廟二記人稱上虞二亮

沈煥字叔晦定海人乾道中爲上虞尉職務修舉嚴而知恤吏民安之嘗幹辦浙東安撫司公事高宗山陵貴戚近臣畢臨民困供億煥告安撫鄭汝諧曰國有大戚而臣子晏樂安乎汝諧屬煥條奏移文御史請明示喪紀本意於是芟舍悉從菲陋浮費頓省値歲旱常平使者遣煥賑恤餘姚上虞所活甚衆民思之不忘煥始與臨川陸九齡爲友一日盡舍所學師

之又與朱熹呂祖謙問辨講求官終直文華閣卒謚

端憲祀名宦

寇仲温慶曆初令諸暨未明視事亭午皆畢興學校

廢濕祠父老稱之

丁寶臣字元珍晉陵人第進士初知剡聽決精明賦

役有法民畏而安之已改令諸暨暨人喜曰此剡人

所戴以爲慈父者吾邑何幸焉而寶臣亦用治剡者

治暨大有政聲以材行選編修校理秘閣其卒也歐

陽修王安石表識其墓寶臣之後有令錢厚之當建

炎中奏減和買絹四之三以紓暨人之困姜紹請粟于朝得萬餘石以賑暨人之饑劉炳疏免淘金之役暨人竝思之不忘云寶臣厚之炳竝祀名宦

熊克字子復建陽人好學善屬文紹興進士令諸暨時久不雨而郡帥遣幕僚課賦急克對之泣曰此豈催課時邪吾寧獲罪不忍困吾民部使者芮輝行縣入其境謂克曰曩知子文墨而已今乃見古循良爲表薦之累官學士多所著述祀名宦

劉伯曉字晦之山陽人嘉定中令諸暨値雷雨累日

夜洪水交作漂民畜田舍無筭伯曉掩泣奔救力請於朝得蠲稅年田之不可復者除其籍見劉來救荒記祀名宦

家坤翁肴州人寶祐間令諸曁能文章好辨㧞儒彥甚有政績嘗築長官橋爲長堤障水植柳其旁人號家公萬柳堤祀名宦

過昱一名公彥皇祐初以秘書丞出令剡歲饑流民集城下昱勸富家出粟賑之明年又饑乃出常平錢請糴取其羸米幾萬斛予流民又劃俸麥爲種役饑

民耕種官田明年得麥五百斛復予流民使歸復業

流民感泣而去

宋旅字廷實蒲田人宣和中令剡方臘反連陷諸州郡且犯越越盜羣起爲應縣吏多遁走旅遣妻子浮海歸閩獨繕城固守以忠義激勵士卒誓與城俱存亡俄而賊擁衆至旅躬率壯士冐矢石禦之屢有斬獲終以力不敵戰死太守劉韐以聞詔贈朝散郎錄其四子

宋宗年郊之孫也建炎中令剡金人攻越守李鄴以

城陴屬邑皆潰宗年城守獨堅民賴以安官至中散大夫因家於剡

史安之字子由浩之孫也嘉定間令剡清訟治蠹奸黨屏息考正經界刋定稅籍宿弊一時盡洗嘗捐俸以代民輸奏蠲和買絹四百餘疋築城修學百廢具興詳李宿所撰治績記

陳著字子微奉化人登文天祥榜進士相國吳潛等以著才可大用相繼薦於朝時賈相當國諷其及門著曰寧不登朝不爲此態遂出授福安令改知嵊宗

室外戚有居嵊者持一邑權前令率以譴去闕令者十有七年又有豪貴布兗徒於僻地剽縶行人役于家及造白契占人田產者著至政教並舉獨持風裁諸豪乃歛戢民賴以安在嵊四年代者至民乞留不得祖帳遮道數十里至城固嶺民不忍舍因易嶺名曰陳公嶺以識去思代者李典宗謂著何以處我著曰義利明而取予當教化先而獄賦後識大體而用小心愛細民而公巨室如是而已累官監察御史知台州

謝深甫字子肅臨安人乾道初進士尉嵊歲饑有死道旁者一嫗哭訴曰此吾兒也傭于某家遭掠而死深甫疑之廉得嫗子實匿他所嫗驚伏曰某與某有隙賂我使誣告耳皆抵罪自是人不敢欺爲浙曹考官一時士望皆在選中曰文章有氣骨可望而知調知青田侍御史葛邲顔師魯交薦之孝宗召見深甫言今日人才枵中侈外者多妄誕矯訐沽激者多炫鬻激昂者急于披露而或隣于好夸剛介者果于植立而或隣于太銳靜退簡默者寡有所合而或鄰于

立異故言未及酬而已齟齬事未及成而已挫抑於是趨時徇利之人專務身謀習爲軟熟因緣攀附遂至通顯施施自得氣焰陵人一有緩急莫可倚仗臣願任使之際必察其實其人果賢則涵養之以蓄其才振作之以厲其氣栽培封殖勿使沮傷上嘉納之除大理丞江東大旱擢爲提舉常平講行荒政所全活甚衆累官右丞相致仕有星隕于居第遂卒

張公良字希留壽光人太平興國中令新昌創立縣治及學宫勤于政事卒不能歸民卜地葬之名曰官

阡

林安宅閩三山人紹興中知新昌改建學宮置田養士諸廢墜無不修舉築東堤以禦水患浚七星井開孝行碑決縣渠自南門入郭出西門與碑水合以溉民田自宋中興有功于縣者安宅爲最累官尚書參知政事民肖像祠之日止水廟云祀名宦

丁疇字世珍晉陵人淳祐中令新昌時歲荒太守命賑之疇曰欲行荒政宜緩催科欲恤小民宜優上户乃緩刑薄斂平糴勸分有無相資歲賴以不害已又

作新學政制器斤田文教聿起祀名宦

王世傑金華人寶祐初知新昌爲政務先教化講明理學隣郡士集講下者數百人士風大振民吏德之祀名宦

周俌字正輔安吉人寶祐中知新昌剛正明敏不畏強禦時科丁大全引用汙吏預令州縣上供俌舉手誓天曰俌頭可斷決不爲新昌開此例上命督責愈急俌終不變常時咸以頑令目之其後他州縣被害積五六年不已而新昌以俌故獨免秩滿擢監察御

史忌者諷臺臣劾去公論惜之

張珦字國珍南軒先生之裔也開慶初以進士知新昌當是時民財匱於兵而倖臣柄國者專事苛斂珦守正不阿寬徭節用雖獲譴不顧元兵南下珦團結義勇爲固守計後卒于官子孫因家焉祀名宦以上皆縣職

劉一止字行簡歸安人七歲能屬文舉進士爲越州教授嘗預省試首錄張九成時稱得人

何俌字德輔龍泉人紹興間進士除紹興教授時方與金和好俌哀少康周宣王漢光武晉元帝事可施

行者爲中興龜鑑上之乾道間以集英殿修撰知廬州上賜詩祖餞所著有奏議内外制西漢補遺大學講義

朱倬字漢章閩縣人舉進士張浚薦于朝與秦檜忤出教授越州梁汝嘉制置浙東表攝參謀有羣盜就擒屬倬鞫問獨寘二人餘釋不問曰此饑民剽食耳烏可盡繩以法累遷右正言每上疏輙夙興露告若上帝鑒臨者紹興末年拜尚書右僕射史浩虞允文陳俊卿劉珙之進用皆其所薦云

項世安字平甫松陽人七歲能詩長治春秋教授紹興與朱熹講明理學以熹薦入爲諫官召試館職除秘書正字累官龍圖閣多所建明坐黨籍罷以上皆學職

元

苔曾兼善蠻人也至正中爲南臺御史大夫治紹興張士誠既稱吳王諷行臺爲請實授于朝兼善不從士誠怒使奪其印兼善封印置諸庫曰頭可斷印不可得又迫之登舟曰我可死不可辱也遂沐浴更衣賦詩三章與妻子訣仰藥而死

張昇字伯高平州人紹興路總管大德間民大饑疫

死者追半賦稅鹽課皆責里正代輸昇乃稽證簿籍自行者悉蠲之前守有爲浙江行省叅政者欲以私憾困人移平江歲輸海運布囊三萬俾紹興製如數民患苦之更數守置弗問昇奏麻非越土所生海漕實吳郡事於越無與卒罷之

王克敬字叔能大寧人幼奇穎力學大定初總管紹興民戶計口受鹽最爲困苦克敬奏減五千引運司官執不可久之轉兩浙鹽運使卒首減之民大稱便元統初遷江浙行省參政年未六十即請老時論高

之卒謚文肅

宋文瓚總管紹興恩威並施事無不理及去任越人思之

泰不華字兼善伯牙吾台氏至元初總管紹興剗剔吏弊除没官牛租令民自實田以均賦役行鄉飲酒禮教民興讓風俗大化尋除浙東元帥爲方國珍所害謚忠介

王巔其先霑化人父簡爲烏程尹因家烏程至元中簡知福寧州禦賊力戰死立不仆無血惟白沫而已

次子相及相妻潘被擄不辱並死之事聞簡封太原郡侯禎襲父爵授紹興路總管張士誠陷郡亦不屈而死

脱帖穆耳字可與系出蒙古遜都臺氏泰定三年以上千戶所達魯花赤分鎮于越攝萬戶府事時慇孝蔡定之廟爲民所侵耳慨然曰孝子不祀人奚以勸勸還侵地廟像復完元兵掠天台烈婦王氏死于清風嶺耳爲立廟刻有隱士吳君與耳友善嘗言得附葬於二戴死不恨矣及卒耳輟俸爲葬于書院之側

其好義如此性廉直不喜紛華晚闢城南齋閣懸弓劍左右圖書陶如也泰不華守越行鄉飲酒禮迎耳居僎輔升降不愆人望而敬之子月魯不花登元統元年進士

陳思濟字濟民柘城人至元中同知紹興承檄讞獄桐廬有囚羸瘠將死縱遣還家候期來決囚日聞公名久矣若不早決恐終不可保爲閱其案而釋之轉兩浙都轉運同知民困于賦役悉蠲除之又轉浙東宣慰同知浙西饑移浙東粟賑之浙東旱禱于名山

雨輙大澍

金德潤字君澤浦江人爲人忠靖恪勤手不釋卷歷官紹興路治中酷惡豪强所至屏迹人稱健吏

趙叔遜爲紹興路推官宅心仁恕精於律典而用法不苛獄無寃滯及去民勒石志思

貢師泰字泰甫宣城人至正中爲紹興路推官斷獄平允治行爲時第一值元亂遂易姓隱居作幽懷賦後復起兩浙運使奉詔漕閩廣粟海上多警留居海寧與謝肅胡奎講學自寧航海達閩漕於京師又自

閩浮海卜築於海寧所居里曰小桃源劉基書其扁云

邁里古思字善卿寧夏人起家進士至正間爲紹興路錄事司達魯花赤能以法誅部曲得士庶心練兵擊賊有功遷行臺鎮撫仍留紹興時盜起浙東西郡縣多殘破獨紹興賴其保障境内晏然民愛之如父母進行樞密院判官御史拜住哥忌而殺之久之事白詔寘拜住哥民建祠祀古思焉

昂吉西夏人紹興錄事參軍爲人廉介文行俱可稱

云　以上皆郡職

定定字君輔畏兀氏也至正間爲山陰縣達魯花赤均賦興學表賢良明教化吏民稱之

戴正鄱陽人元末丞山陰年甫十九詳愼如老吏有清操政尚寬平嘗承檄括民田詭隱弊革而民不擾

呂誠字實夫元統中尹會稽省刑均賦庭無冗事尤以廉愼稱

周舜臣至正中丞會稽莅政清勤廢墜畢舉田賦宿弊蠲革無遺民畏而愛之

彭仲宣至正中丞會稽政公訟理才名翕然其後有
簿毛彥頴執法不阿人呼爲鐵主簿
裴思聰至元間尹蕭山廉明謹畏務以德化民天旱
蔬食退居引罪自責雨輙沾足張士誠據浙遂棄官
居嘉興士誠厚聘之不受憂憤而卒
華凱字元凱至正間尹蕭山先時田多隱沒民賦不
均凱覈實坵畝官給由証爭訟頓息
於善至正間尹蕭山性寛和率民以禮作新學校築
堤捍水民受其利後遂家于長山鄉

尹性字本忠至正末尹蕭山邑經兵燹之餘能安輯流亡德刑並用歲登民和

趙誠宛平人簿蕭山端嚴淳厚爲民捍禦災患有政績既罷官遂家蕭山邑人至今祠祀之　祀名宦

脫脫字子安燉煌人初判黃巖累遷餘姚州達魯花赤爲人廉明寬大平居持重人莫能窺其際及事至刃解斧斷張弛得宜民蒙其惠遷秩而去老稚涕泣送之　祀名宦

李恭字敬前關隴人知姚州廉平不苛又習文法吏

姦不得行時州民役于官者歲終乃代廢其生業恭爲更定每季代之州產紅米官令市白米充稅恭疏請聽以土產上輸營建廟學乞增置師弟子員每與論難經義墾湖田數百畝益其廩士民交戴焉後避地餘姚及卒州人哀金甃之元季州人請其子樞知姚明初改知奉化稱良令 祀名宦

江文璟字辰良常山人初判餘姚號爲廉平擢翰林編修詔擇循良復以文璟知是州任德弛刑細弱安利有豪武斷海濱文璟按治其罪然不爲嚴誅務以

長者化導之修舉庠序之教誘進諸生身課其業歲旱徒跣禱於山川者凡七日得雨有秋海寇竊發官兵壓境文璟從容應之百姓晏如及去任懷思不置元末兵亂文璟辟地餘姚因家焉代文璟知姚者爲郭文煜政治與文璟並稱民並祠祀之

宇文公諒字子貞歸安人以甲科同知姚州晝之所爲必冊記之夜乃焚香告天如古人不欺其心者政敦仁厚存問耆老禮遇儒碩夏旱禱雨輒應人稱爲別駕雨嘗攝會稽縣中明冤滯所活者衆官至廉訪

## 僉事 祀名宦

劉輝字文大汴人爲餘姚州同知郡守下輝均田賦是時州籍失火豪猾乘時詭匿甚難蹤跡輝手植二栢于庭禱之曰事成栢榮不成則否乃躬履田畝置魚鱗圖鼠尾冊定等平役按畝給由出歷田萬餘畝初輝受檄出舍焦勞鬓髮爲改及是賦均栢果榮吏民愛之比于甘棠云 祀名宦

葉恒字敬常鄞人判姚有幹局籌畫久遠姚有捍海隄潮汐決嚙海益内侵民最苦之恒更築石堤二千

四百餘丈自是遂無海患至正間錄恒海堤功追封仁功侯立廟祀之祀名宦

傅常字仲常鉛山人舉進士調判姚常視州篆奸沮滯決吏民畏戴至正秋海上有警宣閫檄常偵賊定海而常所受兵素不習戰與賊遇弗敵死之常居官有冰蘗聲戍之役借人一短褐往其母及其兄貧不能歸遂家于姚

馬思忽至元中上虞達魯花赤同僚尚嚴刻思忽濟之以寬凡民田堋江糧額未除者皆優使輸布邑不

産茶隣境以官採侵擾思忽奏過之嘗奉檄讞獄他邑或持執政風旨俾上下其手思忽不聽又有佛家弩者至正中達魯花赤政令不妄發民甚安之

王璘字景文臨沂人至元末來尹上虞冰蘗自守一意拊循弛禁省刑獄無濫繫興學尊老風化大行

張壁字德修臨沂人尹上虞蒞政公廉一介不取歲戶平徭新學贍士政績甚著

于嗣宗字德元錢塘人至正初上虞尹以慈惠稱嘗勸民出粟爲石堤捍海遺利甚遠

林希元台州人博學能文章由翰林應奉出尹上虞在官廉介妻子恒有饑色人不能堪希元處之泰如也白馬湖最關水利每爲豪民所侵乃定墾田數湖始復舊旱潦咸頼之重建明倫堂纘修邑志嘗請立箕子廟於遼東祀董仲舒於廟庭皆有功名教者卒于官貧不能殮邑士爲營葬之所著有長林存稿祀名宦

李睿字景明武平人至正間尹上虞和易有守是非必折於理歲久旱方病目弗顧周視阡陌免其租稅嚴湖禁重兵防民頼以安會世亂不能歸卒葬於虞

謝肅銘其墓

韓諫字自行天台人至正末尹上虞方兵興善處供億民不擾而用亦不乏時有以夏蓋三湖獻長鎗軍者諫言於督軍郎中得寢均西溪湖田定四等賦民咸利之

趙元齡字子年宛丘人尉上虞先是縣官收職米率三倍元齡獨無升勺過取士兵之隸於司者每子視之秋毫無所擾邑人爲之語曰縣尉不要錢只有趙千年

馮翼字君輔濟寧人元貞初知諸暨州始至察民隱鋤擊奸豪殆盡鄉胥有舞文增稅者悉釐正之民病山園稅重遂多拋荒乃請於總管李朶兒但以中統鈔准輸田租而免山園之稅又奏罷採金之役民用不擾政暇輒引諸生講論經史僚州吏環聽皆凜凜色動及去任民遮留不得爲建祠祀之　祀名宦

于九思字有卿薊丘人大德間知諸暨州俗好訐牒訴紛然九思密察情僞得其尤無良者痛繩之飭勵學校選擇秀茂示以禮讓鬻諱寢衰或言地產水晶

砂金發使調民丁採之闔境騷動九思力陳無產狀遂罷其役後爲紹興路總管號良二千石 祀名宦

單慶字吉甫濟寧人大德間知暨歲饑且疫死者相枕慶早作夜思弔死問生曲盡救災之策民感其更生相率聽化慶益撫以寬和有爭於庭者進而兒女語之皆慙沮引去凡有徵發不勞而辦盜化爲良鞭箠幾措有虎暴入市人莫能禦慶爲文告於城隍三日虎死廟側浙東蝗飛蔽天入州境咸抱竹而死歲且屢登居三年遘疾大書忠孝數字遺其子及卒民

皆罷市巷哭輓柩而送者數千人尋爲祠祀焉祠名宦

柯謙字自牧天台人判諸暨治獄多平反賦役有困民者力爭於上而除之嘗捕蝗境上有相率爲淫祀者取土偶人踣而鞭之以示民曰此不能與命吏共禦菑祀之何益明日毁其祠蝗忽飛去後遷江浙儒學提舉祀名宦

黄溍字晉卿義烏人延祐中以進士判諸暨博極羣書以文學名其臨下一以誠信巡海官舸例三載一新費出於民有餘則官侵之溍裁縮浮蠹餘錢悉以

還給民大感悦奸民以僞鈔結黨脅人旁及隣邑株連數百家潛承檄訊之輒引伏民害乃息歷官侍講學士卒謚文獻祀名宦

余洪字仲寬益都人元貞初尹嵊嵊夏税絹洪請得納鈔減費之半先時田税重而山與地不科洪爲均之民咸稱便爲人廉介明决凡爲民蘇困補偏多此類也

高閭蒙古人至大二年嵊達魯花赤政尚嚴肅裁吏卒之冒濫者若干人才名籍甚鎮守千戸縱戍卒擾

民閭以法繩之尋自帥府罷鎮守司民獲安堵與尹萬愿相規以正竝稱循良閭之後有教化的者怯烈人泰定初達魯花赤能潔己愛民以糧稅輸郡道路艱阻請折以布民感其惠爲立石志思焉

仇治字公望至元初尹嵊其政務折豪右扶細弱首定役法細民稱便時達魯花赤馬合麻縱吏卒爲暴治逮捕數十輩械府悉論罪縣境肅然亡何竟爲馬合麻所中傷罷去

火魯思密畏吾人至元二十四年新昌達魯花赤時

浙鹽法峻豪猾夤緣爲奸思密得其狀馳白運司民賴以蘇其明年二月思密以公事赴郡婺州賊楊振龍突入新昌焚掠慘甚思密急歸禦之會千戶崔武德將步騎二百人至與賊遇戰死思密獨鼓衆力戰于長潭連日夜不解賊敗走三月六日賊唐仲復聚衆來寇思密遣間聲言大軍且至隨率數十騎襲賊于五峯嶺賊驚散追殺之司農卿脫脫檄思密會兵東陽討振龍餘黨思密馳往盡降其衆新嵊兩邑疆宇復完皆其功也祀名宦

李拱辰字廷弼淦陽人至大中尹新昌時當兵亂後鎮守軍多悍鷙肆剽奪民田及秋將收軍結茅據其中民甚苦之拱辰至下令一日盡撤去敢攫取一粟者罪之居任庭無留訟日與賓佐觴詠爲樂版籍没于兵火履畝置冊視前人計慮尤精云祀名宦　以上皆縣職

孫原彝餘姚人爲山陰教諭闡明理學克纘燭湖先生之緒

趙子漸金華人從遊許白雲先生辟蕭山教諭毋以綱常大義廸後進遠近聞風而至

俞長孺字覲光新昌人歷諸暨州學正治經敦行刻勵好修晚年所造益深其教門人務以反身自約遠近向之所著有心學淵源及詩文共數十卷祀名宦

吳簡字仲廣吳江人以薦入官歷紹興學錄所著有詩義論語提要史學提綱

黃叔英字彥實爲和靖書院山長介然特立克紹家學翰林學士袁文清稱彥實遊宋故都見知名人多脂韋自保秘惋恨無可與語則其所存可槩見其於經史百氏過目成誦爲文儁拔偉麗意氣奔放若不

可禦而能弗畔於道間以茂異遣詣中書不行卒葬餘姚竹山有戇菴暇筆詩文雜著若干卷

戚祖象字世傳婺州人天性質直無崖岸不喜爲機巧少服庭訓甘淡薄師事王元章達於義命杜門不出環堵蕭然有書數百卷頹然自放年五十八鮮知之大德中舉東陽教諭遷和靖書院山長求致仕不許復用爲信之道一書院山長辭不就

桂彥良初名德稱慈谿人陶安字主敬姑孰人並爲高節山長彥良横經講道士類歸嚮時張士誠據江

右方國珍據浙東數以禮聘之皆不就安學宗朱子諄諄化誨浙東西學者踵至及明兵起彥良與安並起翊戴爲一代名臣以上皆學職

紹興府志卷之四十終

紹興府志

# 紹興府志卷之四十一

## 人物志四

### 名宦後

明

張熈北平人洪武初知紹興平易得民恪勤公務府治公廨及什器不可缺者皆其所創置人咸稱之見一統志

唐鐸虹縣人洪武初從軍守濠州授西安縣丞歷知紹興御下以誠人不忍欺凡徵賦有非土産者悉奏罷之餘姚上虞爭夏蓋湖水利經歲不决鐸至斷以

至公民皆悅服官至刑部尚書　祀名宦見一統志

李慶順義人洪武末以國子生署右僉都御史授刑部員外郎出知紹興器量宏遠威信並濟庭無滯獄吏民畏而懷之公暇即躬理園蔬以供朝夕照磨侯鑰守職清貧每分俸資給由是幕僚競勵廉操永樂登極慶以違詔被逮軍校途虐之將致之死至京赦免尋擢右都御史後軍校適以罪下慶按治慶無仇怨人稱為長者　祀名宦見一統志

胡敏荊州人宣德中知紹興方正廉簡御史甚嚴時

務繁劇敏處置得宜民不擾而郡治

羅以禮桂陽人宣德中守郡寬猛得宜利獘無不興革好敦禮隱逸在任九年或雨暘不時祈禱輒應民歌曰太守羅以禮存心合天理祈晴得晴祈雨得雨

祀名宦

彭誼字景宜東莞人景泰時爲御史治河有功累遷右僉都御史天順初以忤權貴調知紹興民告饑卽發倉賑之吏白當上請誼曰待請而發殍者多矣吾何愛一官不活萬命邪明年有秋民爭輸實倉郡中

官站湖田正稅既重復加折耗歲小侵則鬻産不能償官私困迫誼請按畝起耗不分輕重槩以三升爲率稅額耗乃大減民始獲蘇又築白馬閘障鹵水使不得入一郡蒙利最聞擢山東布政使晉副都御史祀名宦

洪楷字學膺莆田人初爲御史出知紹興儉勤廉慎賦寛刑平民甚德之成化辛卯歲饑瀕海多盜楷令防守要隘盜遂屛息復勸富家出粟以貸貧弱由是歲不爲害從子珠字玉方嘉靖初復知紹興寛厚文

雅崇尚名教建忠臣劉翰先賢尹焞祠封耆儒羅頎墓表節孝聘遺逸若王埜王琥輩皆躬造其廬一時士氣稍振尋遷本省右叅政人謂大洪小洪先後同風云

戴琥字廷節浮梁人由南臺御史來知紹興琥起家鄉貢而持身廉介馭八邑令長每甄別其黑白品第其高下稍有過輒庭叱之不以借諸令長凛凛無敢犯暇則舉行鄉射敦禮名士後以主賓間至梅山造隱士羅頎之廬召諸長老與共商搉今古終日不倦

郎窮鄉單戶有奇節獨行者封墓式閭唯恐弗及凡遇民疾疫必遣醫分療文廟樂久廢特崇修之朔望進諸生講論經史聽者竦動尤究心水利若上虞之夏蓋湖山陰之西小江疏防得宜匾拖玉山築塘建閘蓄洩有候潮患不侵功利甚溥至今去思有碑或題其柱曰千載烝嘗劉毋廟三春楊柳戴公堤蓋公評云 祀名宦

劉麟字元瑞安仁人正德初知紹興前太守劉亦名麟年耄志衰用倦而政頹民甚病之麟至一切務栽

省剔蠧弊隆閒閻如解倒懸甫五十日頌聲載道逆瑾銜麟出守不修謁乃擬刑部曹瑣細黜爲民麟即日徒歩去郡人攀留不可得則相率肖像爲小劉太守祠薀以漢太守寵爲大劉也瑾誅復起歷臬藩終工部尚書晚愛吳興山水遂卜居坦上與孫一元龍霓陸崑吳充結社唱和號苕溪五隱文章節槩並重於時年九十卒賜謚清惠祀名宦

南大吉字元善渭南人性豪宕雄於文與康海胡纘宗諸人齊名嘉靖初以部郎出守郡同知靳㙦多智

譎在任久諳諸利獘大吉下車每事諮詢塘以書生易而謾之大吉陰察其情而陽爲不知者既三月一日坐堂上召諸吏抱案集庭下數之曰若等善欺予某事然若以爲不然某事不然若以爲然何欺予如是亟持案來案至立剖數十事悉中情理人人慴伏塘駭汗齰舌不敢出一氣由是飭條教頒下邑懲奸戢暴不撓貴勢巨豪石天祿戴顯八者窩盜致饒官府素不能治悉逮捕繫獄中每臨重囚必朱衣象簡秉燭焚香大開重門令衆見之望見者以爲神人不

可犯然頗傷苛急矣當是時王文成公講明聖學大吉初以會試舉主稱門生猶未能信久之乃深悟痛悔執贄請益文成曰人言不如自知之明自悔之篤於是稍就平和乃葺稽山書院創尊經閣簡入邑才儁弟子講習其中刻傳習錄風示遠近文成振絕學於一時四方雲集庖廩相繼皆大吉左右之也又嘗濬郡河開上竈溪埋侵壅役丁夫遂籍籍騰謗矣會有郡人居吏部者亦銜之遂以大計落職去大吉政尚嚴猛喜任事不避嫌怨竟以是蒙訾然鋤奸興利

至今賴之其功不可掩云祀名宦

黃綰字子賢汝南人以刑部郎遷知紹興時當南守威猛之後綰以簡靜寛大鎮之刑清政理士民交愛戴焉始綰居部時按問給事中陳洸罪以律後洸依附權相復以故入奏辯遂逮綰詰詔獄郡人無少長攀號塞道車不得前綰竟卒于家

湯紹恩字汝承四川安岳人嘉靖丙戌進士乙未以部郎遷知紹興爲人寛厚長者其政務持大體不事苛細與人不欺人亦不忍欺儉性成身服疏布外

服皆其先參政所遺始終清白然亦未嘗以廉自炫度量宏雅遇士大夫有禮尤喜延接諸生諸生事涉身家必委曲調護然亦未嘗廢法也值久不雨紹恩徒跣禱赤日中雨輒如注郡瀕海每苦旱潦舊有斗門閘猶未得其要紹恩廣諮父老諦察地形乃於三江建大閘　十八洞啟閉以時雖旱潦不爲病越人至今賴之當其始建時役重費繁譁言不便者十九洶囂朋興紹恩堅執不動已而閘初起輒爲海潮所衝突役夫皆哭紹恩曰毋恐如是當益固耳乃禱於

游若潮不至者累日工遂就蓋誠格於神如此人謂恩在吾紹其命名亦不偶云時通判周表才敏慮周董視闡功勞績爲多越人祀之以配湯侯焉祀名宦

張明道羅田人繼湯爲守無所更張務與民休息好立名義慷慨峭直不拘準繩每聽斷訟獄輕重或不可測有玩世滑稽之意人呼爲張顛然實非顛也其學博窺經史尤深於黃老然藴而不發諸生或抱狀立庭下先與談說今古稍中肯卽判狀得白不且訶使退矣當是時太守習爲寬大民視太守嘻嘻如父

子不見可憚越俗上元燈火甚盛太守偕郡僚角巾步市中觀燈不以爲異郡署中有亭在卧龍山巔縱民出入登眺無禁也蓋羲皇世界故老猶能談之而今不可復覩矣

李僑字子高長淸人當嘉靖乙卯間倭寇擾越境前守其性悍急城守張皇賊未至衆已先奔尋以罪罷去僑爲武選郎有聲遂簡知紹興旣至務爲持重令丁壯悉歸田郊市晏如賊亦竟不敢犯督府方用兵征求四出僑每持議節省又欲發會稽銀礦佐軍費

僑堅執不可督府雖怒之而事竟寢其爲政精嚴吏屏氣不敢玩越俗少年競尚淫靡有犯必痛繩之郎請託交入弗貸時山陰李令北人也每出則以兩鐵索前導而僑出必懸兩爐爇香越人爲之語曰府香爐縣鐵索一爲善一爲惡在郡六年乃遷按察副使備兵寧紹鎮靜輯和大都如郡時官終山西左布政使

許如蘭號芳谷廬州合淝人萬曆丙辰進士初知光州疏豁寄寃陳尚賓等七人治獄稱神入爲工部郎

多平反時譽大起簡守紹興始下車周咨民隱清課額崇學校省刑出滯不數月間士民興頌時上虞有皂李湖爲一方水利歲溉民田若干畝乃其遶於湖而黠者輒思引水他注訟不已及爲勘斷立石瀕湖者利賴無窮嘗立祠尸祝之陞陝西督糧參政後爲貴州左布政使

以上皆知府

黃璧字廷玉浮梁人成化中同知紹興守潔政平民甚宜之秩滿去郡惟圖書衣被而已舊名宦

以上皆同知

朱彤蘄州人永樂初爲通判廉公有威人不敢以私干及去官士民走送者數千人闐溢郊外父老來自山谷者皆欷歔流涕而别

張齡字廷壽華州人成化中爲通判廉靖謙和愛民下士勤勞致疾卒于官士大夫競爲詩歌以悼之

以上皆通判

袁通正統已巳爲紹興推官初任值處州賊葉宗流之亂通奉檄率鄉兵往討即日與其子就道徑抵賊

巢列栅以扼其衝待旦乃與戰賊夜刼其營父子奮鬬俱被害

蔣誼字宗誼句容人成化間推官好文學引接儒生讞決平恕人無號寃者召拜御史風釆尤著

毛伯温字汝厲吉水人正德中推官爲人豁達有雅度沉毅精朗每讞郡獄必兀然凝坐徐察言色務得囚隱衷而後斷其是非故誤權衡輕重無縱無枉人人稱平共呼爲毛青天云諸郡邑有訟寃者必求直於毛青天攝理盈案能譽大起尤好敦禮賢士大夫

不以貴顯唯其學行有聞者必造門諮訪相與賡唱盈帙亡何徵拜御史巡按諸省咸著風裁歷兵部尚書太子少保起征安南撫定莫登庸之亂以功進太子太保卒于家

陳讓字以禮晋江人舉省試第一尋第進士推官紹興諸生素誦其文及至爭造門下時有禁有司不得私受門生讓歎曰吾豈以是阻士子嚮往之心哉欣然延接躬訓廸之得其指授者多成佳士爲人寬博雅重讞獄明恕凡郡中大利病每贊太守罷行之新

昌築堤三江建閘皆興有勞焉尤惓惓以正風俗明教化爲己任毀淫祠獎節孝增置學田崇祀先哲益斌斌以文學飾吏治矣已徵拜御史疏劾巨俠劉東山之奸又諫阻獻陵遷葬賜罷追贈光禄卿孫際春深明易理喜越中山水之勝卜居蕺山之麓

關永傑字人孟山西蒲州人崇禎辛未進士任紹興推官性剛直不阿遇有聽斷一準於法然能以仁心爲質不妄施刑小民懷之亦嘗以大義自許遠近覘其風采軀長八尺魁梧越衆至有比爲神人者擢南

兵部武選主事歷河南兵備副使僇力軍事時流寇長驅蹂躪楚豫間無虛日所過城壘一矢禦之輒屠戮靡遺永傑駐陳州聞睢陽陷方圖守陳待援兵民且股慄願降永傑曰死守三日事可爲也愚民皇惑士獨不明於計乎衆默然無應者心知勢窘猶厲氣巡城無何民奪門以出寇亦擁至遂仰天大呼者三還署投繯死贈太僕寺卿賜祭葬

陳子龍字臥子青浦人崇禎丁丑進士初司李惠州府丁艱補紹興推官士以其夙有文望爭師事之皆

撫峻拒雖居官不釋書史而聽獄明決庭清如水歲
癸未金華許都棄青衿結亡命據山寨以反僞先鋒
朱子虎擁衆萬餘攻掠東陽義烏等邑寧紹台三府
咸在震隣省會亦患兵單子龍曰許都嘗執贄於我
一旦爲山寇所惑可招而致也遣諭利害苟來歸必
請之臺憲假以事權爲富貴基都受諭俯首之虎抗
聲云陳司李卽不賣我輩能保巡按不賣司李乎尋
引去都乃解散所部特以三十餘人儒服渡錢塘伏
按院乞降盡殺之後子龍以考最擢兵科給事中

皇清劉方至山東人以明經授紹興推官寬和慈惠惻惻無華蒞任甫一載政清刑簡有頌聲適虞邑令斥去乃視篆剔弊更張民懷其德順治戊子年三月山賊王岳壽夜率衆攻城時守兵單弱城陷方至欵之事聞贈浙江按察司僉事廕一子入監讀書祀名宦

以上皆推官

紹興府志卷之四十二

人物志五

名宦後　縣職

翟東字震初洪武初知山陰賦均訟簡有治聲去後民益思之見一統志

譚應奎廣東人洪武末知山陰有治劇才摘發奸蠹吏民不敢欺

王耕字舜耕山東人永樂中知山陰有經濟大畧時朝廷初事營建征發旁午耕調劑節約不廢法亦不

病民中官鄭和下西洋取寶玉道所經輒恣橫室廬不寧耕抗言邑所產唯布粟寶玉非所有也和遂去

錢浩華亭人宣德間知山陰愷悌文雅抑豪强伸枉滯斷獄平反皆得其情里胥應役有程度吏莫敢鬻停之者治爲一時冣

周鐸四川大竹人天順初知山陰外剛內恕好鋤抑豪横而字細民如子尤加意學校治行蔚然可稱

金爵字良貴綿州人成化中知山陰平易節省居官無赫赫名而下民殊德之時郡多虎獨不入境人以

爲興徵擢太僕丞去子獻民官刑部尚書 祀名宦

王倬字用檢崑山人成化中知山陰練於政務洞悉下情吏民畏愛官至兵部侍郎 祀名宦

李良山東人弘治初知山陰才畧過人廢墜畢舉遇河土塘霖雨即頹水溢害稼且病行旅良用謀計度甃以石亘五十餘里塘以永固田不爲患至今便之

張煥字士奎太和人正德中知山陰有雅量政先大體丁卯秋海溢死者相枕籍煥躬詣巡省吊死問生力請當道寬其賦且賑之比歲登令民築塘捍海水

于上流建匾牐閘蓄洩以時自是少水患尤勤于造士修復稽山書院至今緝續恢弘實其所更始云

顧鐸字孔振山東博興人正德間知山陰嚴明威斷吏不敢爲奸豪右斂迹至今談其政凜然風生

楊行中字惟慎通州人嘉靖間知山陰厚重寬大脫畧苛細雖勞劇中不越常度時方攝于前威而行中以簡靜居之寬猛相濟士民懽洽以績擢御史歷戸部尚書

劉昺字晋初鳳陽人嘉靖中知山陰年少而敏訟牒

盈案目視耳聽舉手落筆悉中肯綮絶無一雷同語時當收會弊孔百出爲躬操算簿防範精嚴飛詭頓革瀕海沙田凡千頃歲有獲而無徵額乃請于上躬往履畝而以無挨稅糧均其內民甚便之視事三年布利剗弊職務舉而公庭燕閒日與諸生考藝賦詩蓋前後諸令以文雅稱者必推爲焉

陳懋觀字孔質長樂人初知會稽數月政聲流布以憂去服除適山陰缺令邑人願得懋觀遂改知山陰爲人悃愊無華不衒名不騁才智而廉靖寬朴始終

如一蔬食布袍淡若寒士順民好惡賦緩訟簡特當葉令貪虐之後士民如獲更生嘉靖中循吏以懋觀爲最後拜給事中去越人至今思之有祠在卧龍山欑惜配享者殊不類云

徐貞明字伯繼貴溪人以進士授山陰令愷悌性成五載久任鋤豪强扶善類不擾舖戶不繁差勾上官撓之初終無改其利于民尤在修築海堤預杜災患至所考校士不徒以文義嘗舉一二公正者爲民勸導及應召去民多泣送擁衢路不能前有隨至江南

山東界者後祠祀迎恩門外邑人張元忭有記

毛壽南吳江人由進士令山陰溫文服裕貌若不勝衣及投以艱鉅人所却顧者毅然無難色民隱得以上達遇歲侵道殣相望請蠲稅不得乃停征緩限監司數譲之弗顧捐廩祿行賑救饑者有粟之病者藥之時有姦民相聚爲攘劫者數其渠魁餘黨悉散先是攝篆者媚上官詭報完賦會有赦院司據額催解壽南報以實狀卒罷徵越俗佻訟多以殺人誣一訊之家輒破乃爲驗屍然後訊由是誣者不行邑餉故有

輸勾餘衛所者遙三百里民艱于漕則爲權豐歉議改折復量授程資當路善其議儌他邑通行之天樂鄉民田三萬七千有奇每苦江潮衝溢爲築堤循山鄭家山等處以捍之民爭趨事不費公帑一緡事竣欲開麻溪壩洩雨蓄湖可使山會蕭三邑無旱潦時以衆議未同會膺召不果行然惠山陰五年矣拜御史民追思之有祠

馬如蛟字騰仲和州人天啓壬戌進士令山陰廉而明慈而毅頗吃于口乃能斷決如流嘗築海塘修麻

溪壩定閘規蓄洩故雨盈涸無惡水又建義倉立大善社每訊盜賊禁毋得妄攀因旱禱雨痛自刻責雨澍乃建逢年亭附城隍廟朔望率父老諄諄講諭後以行取陞御史巡按西蜀殲賊魁辛未以武闈註誤罷歸時流寇訌江北如皷募士守城力竭不支和州陷呼弟訣曰急求爲厲鬼殺賊耳死之一門殉節者十有四越人聞而哀之

皇清顧予咸字小阮長洲人順治丁亥進士令山陰甫月餘禮士安民折獄片言四境聞而悦之時越疆

新定土賊遍郊原民稍殷實者出城不數武賊擒以去拷掠使贖村落間雖行團練法亦被毒無虛日良民不願爲盜者脅從比比求緩死須臾爾城門晝鎖介胄士列在淸野金鉦聲不絕于耳兵突賊斬獲愈多揭竿愈衆予咸初蒞任卽偵得情狀慨然曰是可撫而定也身惟一二隨役艤小舟向山寨呼曰願撫者急下賊數十擁至遂喻以禍福且代言其不得已慰遣之仍令率衆來給免死牌必註之籍於是賊皆稽首雖鄰封劇寇並願受撫山陰前後招徠以十餘

萬計擢刑部主事轉吏部稽勳司員外致仕

高起龍字雲從遼東人康熙二十三年蒞任有惠政後因事詿誤士民惜之

以上皆山陰縣令

明

應佐江都人自少以志節聞鄉有妖佐爲辨怪文以禳之妖遂息用貢入太學適武宗南廵佐抗疏勸返駕禍且叵測而佐處之晏如以是天下稱其正氣及丞山陰清而有執以文學飾吏治遷高陽令去

鞠斌永樂初爲山陰簿性寬仁不施鞭朴而吏不忍

欺澁政數月庭無滯獄尋被徵擢

陽春洪武中尉山陰清勤有幹局晨起視事日晏未

罷唯啜糜而已隆冬無衣長官以衣衣之受而不服

其介如此至永樂初有尉黄昇者四會人廉謹不下

於春訟平事集人咸惜其位不稱才云

岑子原南海人永樂初爲錢清北壩官廉介勤斂役

夫餽酒肉悉卻之敝袍疏食處之怡然政暇必兀坐

讀書人謂子原卑官而清操獨立尤可異云

以上皆山陰縣佐附壩官一人

戴鵬字鵬舉信都人至正末尹會稽清謹有器識洪武初仍知會稽惠政益孚時信國公湯和軍四明趣郡縣供饋期甚嚴鵬率民步行往餉日晡饑甚從者進餅卻不受掬道旁水飲之一日休縣廨忽雷震火延書牒左右驚什鵬神色自若徐曰撲滅之其度如此及秩滿民不忍其去相與留其葬祀名宦見一統志

王宗仁延平人洪武初知會稽以廉能稱吏民畏懷秩滿去父老擁留幾不得行祀名宦見一統志

凌漢字斗南河南人洪武初以秀才舉至京獻烏鵲

論上悅授司經局正字未幾出知會稽寬簡仁恕愛民如子以詿誤繫按察司獄上知漢無罪命械按察使陶晟與漢俱來至卽拜漢監察御史每有論奏上輒稱善尋改左贊善歷右都御史漢不受私遺面折人過人亦以此忌之邑志謂漢病卒會稽今據浙江通志正之

鄒會鳳陽人洪武中爲會稽典史釋滯理冤輕刑緩役招集流亡黎庶樂業父老奏會治績擢知本縣後爲豪家所誣逮至刑部事直上嘉其守擢大理丞

留郊合州人正統末知會稽慷慨任職嘗曰爲民父

母而使一民不得其所吾職未盡也於是勞心撫字威惠並行邑稱大治

陳堯弼字秉鈞大理人弘治初知會稽其政務興利補弊尤注意於學校爲闢地置田性復剛嚴不畏强禦時中貴出鎮者張甚及至弼遇之無加禮欽迹而去

張鑑字汝明南充人嘉靖中知會稽時縣中匿稅與畝以萬計賠者苦之鑑請履畝一稅經歲寢食田野中迨訖事民大稱便商旅苦濫摧鑑又請裁冗罷凡

五所守介政寬不妄取一物不妄撻一人而所舉悉久遠大計被徵去縣服御蕭然未幾民爭祠之歷官南儲都御史鑑之後有古文炳番禺人清介方嚴與鑑相伯仲同時令山陰者方董怨於民乃有古君子葉小人之謠以母喪去徒跣出郊哀號欲絕見者愴惻邑人並鑑祠之額曰雙清焉

以上皆會稽縣令

陸平益都人永樂二年丞會稽政尚寬和輕刑緩賦民甚戴之

以上會稽縣佐

明

張懋　洪武初知蕭山重農恤民尤注意湘湖水利爲圖記刻石至今尙存

張崇　建安人永樂初知蕭山時方營建宮室供需煩擾崇隨宜應荅而上不失事下不勞民民甚德之

蘇琳　山東人初爲御史出知蕭山蕭山歲貢櫻桃每令中官採取多索常例琳抗不與遂與中官相格逮械至京英宗問曰爾何爲格我内官對曰朝廷以口腹殘民内官以威勢虐朝廷命吏臣是以抗之上歎

日直臣也薄責之令還職琳曰臣固宜受責但使櫻桃復貢蕭民死過半矣自是蕭山得免櫻桃之貢

李華武陟人成化間知蕭山會潮突新林塘漂溺無算華補築堤岸捲磋恤饑不遑寢食民賴以安

朱栻字良用崑山人成化末知蕭山爲政切于愛民催科不擾開濬湘湖豪强屏跡立丁田法院司嘉之頒行諸郡邑利澤甚溥徵拜監察御史祀名宦

王聘字念覺利津人嘉靖中以給事中言事忤旨謫知蕭山廉不炫名儉不疏物馭吏撫民威惠並著尤

寃心水利纂修圖志居蕭僅一則邑人至今稱之

施堯臣字忠甫青陽人嘉靖中知蕭山有幹才遇事刃解甚得民譽邑自初建以來無城先是屢經海寇始議築城竟莫能就堯臣至之明年海寇大至他邑無城者被禍尤慘乃力請築城相度地形鳩工聚石晝夜督率不數月而城成周圍凡十里堅厚周宻屹然一方保障云績聞擢吏部主事後寇屢掠縣境城市晏然歌頌不已

皇清賈國楨字蒼嶠山西曲沃人任蕭山令蕭宻邇

胥會營兵往來畜牧民甚苦之患且有二曰盤債患在貧民曰罔賭患在愚民一堕術中浚其膏髓至有波累族戚鄰里私刑拷掠者邑令長莫敢過而問焉下此則馬厮入市有短價勒貨之患國楨潔已執法不畏强禦而前患悉除治行卓然爲世砥柱旁邑鬧之踵至質成盡瘁者二載卒於官邑民哀之爲罷市三日後令至長法不復存彌動人懷思祠在江寺歲時致祀不替

以上皆蕭山縣令

明黎清安吉人洪武末丞蕭山清愼公勤民甚愛之清之後有丞熊以淵靖安人勤愼明察人不敢干以私

正德中有丞阮璉南陵人淸操著聞三載如一蕭山民吏必稱三丞焉

以上蕭山縣佐

明陳公達淸江人洪武初知餘姚廉謹慈愛務以德化導不任威刑察民所疾苦力與袪剔時田籍新附役法不均乃稽僞覈實定爲三等倣前人造鼠尾册

凡遇差役必與册準無一人不稱平者後卒于官百姓皆哀痛焉明初姚之賢令以公達爲稱首

都祀字文達海豐人以太學生知姚爲人謹廉勤敏好禮士數過高士張一民所延停盡日張具蔬菜糲飯祀飲食之極歡治縣號得體百姓親附之相與假貸時當永樂初營建北都追督材需者旁午郡縣多擾姚獨恃祀無擾然祀卒坐稽慢譴逮民爭輸財願還祀祀還謝曰以祀故累吾民也民以此益思之祀終九年去吏胥莫能鉤致一錢然亦不笞辱吏以故

吏無怨者祠瀕行民爭留其靴懸之舜江亭後有見祠靴墮淚者

張禧字公錫靈璧人天順初以御史謫知姚喜簡靜不務苛細其御百姓甚著恩禮獄訟造庭者令具衣冠來曰子見父母豈得廢禮耶即不肖此獨有法耳爲縣數月德化大行逃亡者復業以尤異擢守杭州父老遮道留不可得皆號泣送至錢塘者千餘人

劉靚字應乾四川人成化中知姚凡所推行務當群情監司或左其事靚持之弗變時中官暴横誅求入

民骨髓有司莫能抗規獨挺身當之中官聞規素清白無憚卒不敢虐其民辛卯海溢大饑規躅其稅賑貸之尋以憂去百姓久而思焉其後有賈宗錫張弘宜者相繼爲縣與規並稱宗錫字原善常熟人弘宜字時措華亭人　規祀名宦

胡瀛字孟登羅山人成化中知姚是時日本國入貢所至騷擾瀛多市瓦器實魚菜糗糧至卽人與數器以得飽而懽已輙就道歲饑發廩以賑全活甚衆奏免田租已賜之半復請折所不免者又許之乃監儲

督折銀急甚瀛罷弗徵坐奪俸又弗徵其明年有秋民爭輸恐後無一逋者瀛平徭息訟鋤誅豪右弱人人畏悦以憂去百姓思之爲立碑焉　祀名宦

張讃字宗器六合人由鄉貢知姚爲政平易簡靜務爲惠愛正德壬申秋海溢溺民浮屍蔽江讃流涕躬率人瘞之其免于溺者皆凍餓不勝讃力請賑恤當路猶督税如故讃俟其行縣率饑民路號請貸無異家事税乃獲免然卒以此迕當路得謫去

丘養浩字以義晋江人正德中知姚才識閑敏黠胥

莫能爲奸視義勇發蹇蹇不移旌良善抑豪横民皆知所勸戒時姚賦役多奸欺賚浩洞見弊源乃定爲横總册釐正之最稱均平擢監察御史去民思之至今祀名宦

董羽宸字遂初華亭人萬曆癸丑第進士知餘姚先是嘉靖間嘗中倭患惟奸民與市以致闌入故禁頗嚴久之法弛復有與倭市者羽宸廉得其人按以法海患始息時鄉豪有仇殺族屬箝里甲勿以聞者爲躬履山巖出其骸荆棘中卒正豪罪民敬服之如神

然賦性惻誠未嘗峻法以逞聽事題額北向懸青天白日四字數瞻顧之讞訟時諄諄諭民情理民多感泣不忍欺吏胥亦無舞文者邑紳鄒學桂家人偶犯法羽宸立杖之學桂服其中正賛不置口一時輿論謂虞公如學桂德化如羽宸足並垂云

梁隹楠字南有宜春人第崇禎辛未進士令餘姚體緩而弱未嘗形喜怒有以事白但緘默而已人莫窺其指及鞫訟則屹然不可移姚邑錢穀久爲吏胥乾沒解戶半折而入于官自隹楠至一洗積弊民樂輸

恐後蒞任四載未嘗以重刑加所犯者而與民休息境鮮盜賊以憂去涕泣送者無算

袁定字與立華亭人崇禎丁丑進士知餘姚剛斷有爲葺城垣新學校清糧役尤能發奸摘伏有隷役乘勾攝毆殺一驛夫乃立斃之杖下辛巳歲饑貧民聚衆肆掠捕得數人未及報上即棓殺之而涕泣自言不職隨設法賑濟多所全活蓋姚令如是者迹似擊斷心存惻隱始以經術飭吏治者歟陞刑部主事去

以上皆餘姚縣令

金韶字子善太倉人嘉靖中爲姚丞天性溫良政有條理吏奸不行民稱頌之初縣令顧存仁纂邑志未就被徵去韶克嗣其美志賴以成居六年遷知長汀

張勛歸德人成化初以吏除姚簿事母以孝聞居官廉潔不取民一錢海溢堤壞率衆修治多稱其功又

弘治中有簿劉希賢宣城人性狷介不以家累自隨遇事有執持每與上官抗至死無悔死之日篋中惟存俸餘五錢帕二方而已官爲殮其喪歸之

以上皆餘姚縣佐

明趙允文鄞城人洪武初知上虞時瘡痍甫定允文招撫流散差定賦役民樂更生

鄭行簡字汝敬歙人永樂中知上虞爲政務抑豪右恤窮乏治輿梁興學校百廢具舉御史尹崇高行部號嚴厲獨賢行簡嘗問郡守屬令孰優守對曰惟鄭某清介任事但氣大耳崇高歎曰人患不能氣大氣果大則當充塞宇宙而可以是病之邪乃考行簡爲諸令最同列遂交忌之競爲蜚語詆行簡行簡乃飄然乞歸邑人攀留不得灑泣而別

陳祥字應和高安人弘治中知上虞臨政嚴明人莫敢干以私歲饑既按戶施賑復請於朝得內帑金以繼之仍蠲秋糧十之七他邑流徙者爲煮粥僧寺食之遠近頼全活者甚衆又嘗刻鄉約與民更始遇諸生有恩禮咸懷感奮甫期年以憂去老幼泣送百里外語具邑人賈遲去思記中祀名宦

汪度字洪夫績溪人以鄉貢知上虞天性朴醇自奉過儉衣至十澣不易朝夕惟豆羹一盂而事母則極豐腆民有賣犢以償其俸者度知之遂峻却不受命

歸贖其犢或有犯必以理諭再三未嘗輙加鞭撻然民亦不忍欺也正德初逆瑾弄權誣以薦賢受賂當贖罪落職槖如縣罄民爭助不許卒鬻故里之田以輸去之日士民擁留不獲號泣而返爲樹碑頌德屢燬屢建其得民如此 祀名宦

楊紹芳字伯傳應城人嘉靖初知上虞好典剔利蠹改運河拓學地修築海塘治績甚著擢御史去

鄭芸字士馨莆田人嘉靖中自松陽更上虞守潔而練於才孜孜治理縣舊無城芸始議築之裁處得宜

民不勞而事集後倭寇三歷虞境竟不敢犯又築沙湖蓄水濟旱開沙河便民通商豪右侵三湖妨水利芸爲厲禁每歲刈禾備賑且刻石示永遵焉薦召拜御史比卒民祠祀之

李邦義字宜之廣東連州人嘉靖中知上虞時督府禦倭海上悍兵往來驛騷邦義委曲籌應卽受侮不侮民賴以安其爲政嚴明而不苛察待士有禮處民事如家事務不拂好惡召拜給事中

胡思伸績溪人萬曆乙未進士令上虞量寬才敏下

事郎清丈田土杜民爭訟及久任利弊纖細罔不周知鞭樸無所施而吏不舞文民鮮犯法又捐俸多置學田修築新安巽水二閘爲士民利賴陞任去建祠肖像後官至侍郎　祀名宦

徐待聘字廷珍常熟人萬曆辛丑進士自樂清調繁令虞邑雅好文學惠民息競至事關興革謀之不遺餘力乃覈漳汀湖侵佔清玉帶溪壅淤度西溪湖地形便宜條議請復之又廣置義塚埋胔骨以政餘課士不倦殆可謂循良者歟秩滿陞刑部主事

李拯，晉江人，崇禎戊辰進士，令上虞，所按訟牒，明是非而止，罕及刑楚。民初玩之，久乃服其明恕。歲時間紳士，或餽以脩脯，辭勿納，布袍蔬食，晏如也。夜則篝燈讀書，喜與士論文，所獎拔，率皆譽髦。甘修學校，出五年清俸治之，不借民工，不資賑鍰，而經營實可垂久。陞工部主事，瀕行，檢篋中墨蹟有貽自紳士者，悉還之。其介操如此。

余颺，字賡之，莆田人，崇禎丁丑進士，令上虞。望之，體貌風雅藹然易親，其中特有介性，乃能矢公慎，抑勢豪撓之卒不可亂有以文藝交者歡若平生甲申燕京寇陷越士賊渠機鎬發倅入城颭勸鄉勇巷戰格退之時所擒獲斃之杖下及得賊狀急白勿展視燔其籍可也一時良民莠民無不感泣士大夫謂颭才華過人初意其文吏爾遇大事若此可稱循卓

以上皆上虞縣令

明欒鳳字秉德高郵人至正末知諸暨州及明兵下諸暨仍以鳳知州事廉謹愛民興起文教時州民知附軍士下鄉索糧民不勝擾鳳乃置倉出納上下便

之院判謝再興謀叛以兵脅鳳鳳不屈刀加頸氣益厲鳳妻王氏以身翼蔽皆死之祀名宦

田賦字立夫蒲圻人洪武初知諸暨時兵燹之後官吏皆寄宿民家賦夙夜經畫招撫流散墾闢草萊興起學校無不竭心而營建亦稍備焉祀名宦

張眞姑蘇人洪武末知諸暨性鎮重廉介是時縣始去兵民稍營聚而湖山間土最瘠異時賦重皆棄不耕元知州馮翼力請蠲賦乃始佃墾至是司國計者欲履畝升科百姓憂懼眞持不可以身爲請乃得減

其賦額至今賴之 祀名宦

熊禮臨川人永樂初知諸暨清愼恪敏詳於治體使者抵金澗山取金民皆閧擾禮與府判董瑛極言山本無金前時淘采無獲不可復啓禍階使者按視得實事遂寢民甚德之 祀名宦

吳亨字道夫郫城人永樂中知諸暨清介方嚴悉心撫字縣湖田堤壞頻年苦潦亨疏請築堤遏防堅固水不能齧民享其利尋以目請免官貧不能歸遂寓安俗鄉卒而瘞焉民率錢表其墓曰清廉 祀名宦

張鉞河南新安人正統末知諸暨在官訟清徭省飭學宮易浮橋凡所建置皆遠猷大利會括蒼盜起轉掠隣縣且逼暨境而暨東南鄙有葉大山當婺越界上居民葉氏盤據其間素橫不奉法遂將應盜爲變鉞晝夜訓練捍盜於外潛率義士黃叔威蔡守永等夜搗葉氏巢群醜奔散盜不敢復窺縣賴以安 祀名宦

潘珍字玉卿婺源人弘治中知諸暨時縣事久廢案牘叢委珍尚少年而摘發奸伏過於老吏旬餘百廢具舉尤砥礪廉隅迄無散事官至刑部侍郎 祀名宦

朱廷立，字子禮，通山人。嘉靖初知諸暨，愀廓有守，愛民禮士，皆出欵誠。先是縣有額外長短差，歲費民財八百兩，廷立爲蠲除之。山會二縣築海堤，其費每派及於暨，廷立執不可，曰：「居民守土，各有分域，禦菑捍患，從其封疆。山會之堤而暨與修之，暨亦歲有湖堤之役，可以煩山會之民乎？」郡是其言，爲罷之。作訟誡勒諸石，諭民無相告訐。置鼓於獄，囚有所苦，令擊以聞。後遷監察御史，官至禮部侍郎。

陳允堅，長洲人。萬曆乙未進士，授諸暨令。未出京邸觀輿地志暨邑有僻刁饒之譏郎思所以變化之嘆曰易俗移風事在人爾涖任治尚愷悌勸民息訟嚮所謂刁者洗心過半良民益爲醇謹皆其化導所致後調繁石門去四境皇皇如失慈母攀轅不得歲走石門謁之允堅亦不忘暨民休戚竟卒於官子仁錫進士第二崇禎中贈允堅翰林春坊祀名宦

劉光復萬曆戊戌進士江南青陽人令諸暨潔已愛民始終不渝而遇事果斷無能旁撓者邑境枕大山瀦爲七十二湖大苦旱澇光復相高下築麻溪壩定

七堰又於諸湖中畫爲區界治長圩以捍水沿江起大堤開水門以時蓄洩且浣江出縣界水勢盤折泛溢爲害光復欲直其江率民開通謂之新江著有經野規畧一書至其置義田備賑立義塚埋胔嚴革陋俗如停喪溺女錮婢及同族爲僕一時頓改後歷官御史神宗定儲事光復贊成之見統紀暨民追思建祠凡六十三所祀名宦

王章字芳洲江南人崇禎戊辰進士爲諸暨令稟性鷙誠潔巳御下治及一載諸所利弊漸次興革民賴

以安竟調繁鄞縣瀕行百姓泐泗遮道後治鄞一如治暨尋陞御史甲申年巡視西城流寇至死之贈爲忠節首 兩邑祀名宦

皇清朱之翰上元人順治丁亥進士令諸暨冰蘗自矢時以鼎革初群盜未除多倚山嘯聚者民無寧宇之翰下車單騎至賊巢行招撫賊知其誠信可恃遂漸解散討任事三載未嘗以折獄取一贖鍰丁艱去民思之建祠祀焉

以上皆諸暨縣令

明蕭九萬江西南昌人洪武末爲暨丞傳學能詞翰嘗書容忍思慮四字疏其義揭門屏閭百姓以訟至者必諄諄以是誨之後遷知華亭疏民獘五事忤旨被逮臨刑嚙指血寫詩報母有微臣斬首丹心在尚有靈魂返故鄉之句

史子疇洪武初爲暨簿剛介有才事至立斷祀名宦

以上皆諸暨縣佐

明高孜洪武初知嵊蒞政敏明愛民如子及卒邑民莫不悲號相率瘞之北門外星子峯下歲時祀之

譚思敬永樂間知嵊其爲政先教化每以孝弟格言告諸耆老使歸訓其子弟於是縣民嚮風無少長皆呼爲孝譚云九年秩滿民懇留之復任九年愛嵊山水遂家於禮義鄉子孫世爲嵊人

徐士淵定遠人正統初知嵊時值旱蝗力請於上得米八百石以賑已而薦饑憂皇成疾遂卒於官槖無餘金百姓哀之

許岳英潮陽人成化中知嵊清愼警敏其爲政以風俗教化爲急當春出郊勸農舉行藍田鄉約崇獎節

孝令諸生習射於射圃又開社學教民子弟嵊田土多詭胃賦役不均特爲丈田均賦宿弊一洗蓋爵然稱能吏云

臧鳳曲阜人弘治中知嵊重農恤民摧抑豪右鎮撫郭榮者素善結權要至是有犯訊者咸推避莫能决鳳承檄立訊之竟寘於法城南舊惟土隄洪水一至則嚙隄漂屋屢爲民患鳳乃相基壘石周遭若干里長隄屹然迨嘉靖乙卯知縣吳三畏築城隄上水不能嚙皆鳳力也官至南京兵部尚書吳三畏莆田人

也嵊舊無城自三畏始建時倭賊方亢乃經始倉皇晝夜勞瘁城始及半賊自天台來望見燈燎燭天呼噪動地以爲大兵遂宵遁及城成賊復至三畏乘城守禦賊不能犯嵊人德之謂有保障之功焉

譚松德化人嘉靖初知嵊簡靜和易一意撫循百姓有譚外公之稱

林森侯官人嘉靖末知嵊其奉母至孝嘗語人曰始吾幼時母憂吾不得長今長矣又憂吾老吾何以慰母唯當爲好官耳舊有糧長常例金森至首革之即

修衙公費亦不受其政每恤困窮抑豪右定圖均役吏胥束手然不能曲意上官竟坐調象山瀕行止餘贖金數十發修鼓樓行李蕭然里老醵百金爲贐森曰必槖中無一錢我心始安卒不受去上官署其考曰氣高如山心清若水人以爲知言

施三捷字長儒福州人萬曆間爲嵊令賦性彊毅事或便民悉果行之嘗熟律例每聽訟必手錄兩造辭吏書無從骫法而澹泊自安培士氣抑豪右服職五載上官重之無復以公事差提來擾邑中者署考多

種菊暇則吟詠著有澹園詩陞順天府推官去或題云鄕愛斯人澹如菊今憐人去菊猶存祠之南門橋

祀名宦

王應期字我辰六安州人萬曆閒令嵊一意剔姦境內夙猾懼而歛迹事無巨細見輙洞然與衆酬應歷歲月能一一記所訴民誇爲神然不事繁刑堂清如水題云動念充不忍凡事留有餘輿論以爲不虛乃二載調繁桐鄕去民祠之

以上皆嵊縣令

王伯當北直隸人正德中爲嵊丞持身清白請託不行居官數載如一日遷縣令去嵊人繪氷壺秋月圖以贈又隆慶初有簿吳祺其廉潔剛介與伯當並稱卑官若此固難況當近世尤足爲麟鳳云

以上皆嵊縣佐

明

周文祥淮安人洪武初知新昌縣當亂後官廨民居悉燬于火文祥廉明剛決次第修舉靡不周備遷判杭州卒塟新昌子孫因家焉　祀名宦

賈驥泰安州人繼周文祥知新昌廉謹寬平民有訟

不決者躡乘一騎親往斷之袖懷數餅以充饑民來饋餉悉無所受公暇則召諸生講學諸吏讀律役夫灌蔬每日兩飧唯菜粥而已在任九年政化大行遷刑部主事去百姓遮道挽留哭聲動地　祀名宦

舊志云按一統志載明朝紹興賢令止戴鵬王宗仁崔東王谷器賈驥五人耳其他賢令若邑志所稱者寧可一二數而此五人者要未見其迥然於諸人之上也然則身後之名其眞有幸有不幸耶

唐夔全州人弘治中知新昌每聽獄洞燭幽隱時稱神明蒞政三月庭無留滯訟有理屈惟畧加撲責不傅罪立案曰倘有未直俾可他理又省事節費奸弊

盡洗吏胥多辭去未幾以忤上官調東陽民涕泣送之後訟有不理者或走東陽就决焉

佟應龍淮安人嘉靖初知新昌縣病賦役不均龍下車詢知其狀亟爲平圖里汰冗濫又善劑量短長矯偏救弊意在佐貧弱抑富强而不露聲色有請託者初不峻拒而臨事一斷以理又未嘗曲狥也以是士民無强弱咸德之至今父老稱其事善必曰佟侯佟侯云　祀名宦

曹天憲字恒卿浮梁人嘉靖中知新昌性剛直不習

犒帚異時縣官公出必攜坊肆盛包苴賚爲餽遺及祭祀宴飲務極侈靡憲至躬先節儉一切罷省之不攜家累每延諸生至寢室蔬食相對蕭然如寒士著賦役成規勒之石縣阻山民苦夫役爲言當路悉從裁損卽取怒貴要不顧一監司過縣首問沃洲天姥憲正色對曰山不在高有仙則名今仙去矣止荒山耳監司慚而止歲大旱布袍芒屩行禱烈日中出舍僧寺凡閱月望見枯槁卽泫然淚下爲文責城隍至欲自焚以謝百姓已而雨浹歲登民歌詠之遷兵部

王事官至四川叅議祀名宦

宋賢字及甫華亭人嘉靖中繼天憲知新昌爲政一遵其約束風裁或稍讓而精審過之庭無滯獄人服其明邑田賦多飛灑偏累不均會監司下令覈田賢精於句股法乃教民履畆度田時時乘肩輿上下山坂躬較量之期月事竣乃編爲經緯二册一時弊絶賦均至今稱便其天性廉潔終始不渝民以曹宋並稱召拜御史祀名宦

萬鵬字雲程武進人嘉靖中自松陽改新昌性廉介

明習吏治精律令曰吾訓士惟一經治民惟一律耳時倭賊自天台突至舊無城民皆倉皇奔避不保其生旣退鵬乃決議築城聚石鳩工使民分築之間微服往視察其勤惰而賞罰焉民爭效力趋功踰年而城成以勞瘁卒於官民哭之如喪父母焉祀名宦

皇清劉作樑字木生永新人順治戊戌進士康熙八年蒞新昌作樑才思强斂秉操清白在任四年卒于官室中無長物士民至今思之祀名宦

以上皆新昌縣令

侯祖德，無錫人，明正德末丞新昌，時兩衙薪馬皆私倍，其額祖德毫髮不敢加，署縣事，廉靖愛民，民稱不擾，終太僕寺丞，與佟令應龍並祀西郊。

曾衍，文字伯曼，廬陵人，嗜學工文，洪武初爲新昌簿，勤惠著聲，稱性不喜談吏務，與邑中高士相唱和，有濮泉稿，壑舟記，邑人至今重之。祀名宦

以上皆新昌縣佐

王俊華，天台人，明洪武中教授府學，時干戈甫定，人未知學，俊華正己率物，誨諭詳懇，旦夕督課，若父兄

之於子弟時分俸以資不給者後官太子贊善賜冠云自國家設教以來文學行誼無出俊華右者見通志

梁致育廣東人永樂中爲府學訓導明春秋貫穿子史勤於啓廸弟子受其業多成名者

梁以蘅字仲房新會人嘉靖丁未自廬陵諭遷紹興教授爲人美丰儀寡言笑動止必以禮居常恂恂若無能者及道義所關毅然必往即賁育弗能撓也教諸生務敦實行頒示科條令中人皆可遵諸生有窶甚不能婚喪者輒捐助之或抱寃抑必奮往力救然

約束甚嚴稍有違犯卽高等貴冑必加訶讓不少假借其知改又輒煦煦進之無終疾也以是諸生得其喜則欣然以爲榮得其怒則赧然不勝恥其持身甚介一毫不妄取主試山東供帳餽贐一無所受當路知其賢檄署縣事亦堅辭不往曰越俎代庖吾不能也每以母老乞歸養當路不許久之遷知連城甫閱歲竟棄官奉母入茲高之去越三十年諸生追思不已爲勒石頌德焉

以上皆府學教職

何樵字子野長洲人永樂初爲山陰教諭時春秋寡傳授諸生鮮業之者樵盡攄其所得爲學者紹述其傳遂不泯諸生思慕之稱何夫子云

譚璋臨桂人正德中教諭餘姚爲人素長者喜教誨諸生敦師弟之義義之所在恒恐其不篤其於利耻言之諸生貧不能存者必曲爲賙助後以憂去諸生追送之人人泣下 祀名宦

馬慶淮安人成化間掌教上虞律巳嚴教人懇懇嘗置諸生於各號給以油火蚤夜督課之既三年業皆

大就前此科第甚希迨丙午聯舉六人自是彬彬寖盛矣

袁時億東安人洪武末掌教諸暨先是學官多辟用鄉儒至時億始從銓選具冠帶備儒官之儀而時億深經術善文章喜誘進諸生孜孜不倦時國法嚴峻人皆以田里爲安驅之就學輒逃匿及時億至乃樂從之遊時億著忠臣孝子輔相守令等篇與子弟論說謂得其義謹行之天下國家可幾而理云

齊欽字宗堯衡陽人正德中掌教諸暨莊重慷慨以

豪傑自許待諸生恩意欵洽隨其材質爲科條以督之終始無倦有好學而不能婚喪者輟月俸爲助俗婚喪無制欽爲繪六禮圖不時陳肄學宫令衆觀覽暨士自是稍知禮六年召爲監察御史

尹一仁字任之安福人嘉靖中爲督論學有師傳喜接引後進初至即教人以致知求觀本體諸生譁然久之見一仁事事反躬約已取與辭受必要諸義始翕然信之時紫山書院初成一仁爲諸生陳布科條作止進退坐卧詠歌皆有節度嘗著求放心說一時

傳爲名言六年遷工部主事

王天和永豐人嘗遊鄒聶兩先生之門刻意問學由訓導歷教諭居嵊數年諄諄以禮誨諸士著全禮集要使遵行之修邑志未就遷去

周坤福州人嘉靖中教諭新昌爲人直躬博覽凡諸儒踈解靡不通貫每爲諸生講説亹亹不倦務以清苦自立不屑俯仰上官冬日猶衣單夾曰吾冷官不宜太煖士能忍饑寒乃可不失已其論議如此稍有餘輒斥以周窮乏者蓋自近世來學官中不言利能

訓士得師儒體無如坤者後遷國子助教

以上皆各縣教諭

王受益字子謙郡人洪武中舉明經爲山陰訓導淹貫經史尤邃於春秋善指授多所發明嘗病傳註煩蕪或失作者本指乃取諸家疏義折衷之裒爲春秋集說後召入翰林校書受益與韓宜可薛正言先後典學于鄉至今鄉校頌述之

彭英字育之萬安人嘉靖間訓上虞天性樸醇襟懷踈曠其於勢利澹如也潔已端範甚得士心越三年

以疾去諸生送別於曹娥無不泣下至今猶追思之

李永字懷永蕪湖人成化初訓諸暨性度端凝無支詞僞行抑浮振之終如其始居五年卒諸生爲祠祀之

吳元亮仙居人洪武間爲嵊訓沉靜方嚴動必以禮講明正學以開後進及卒與僚友諸弟子訣整衣拱手端坐而逝

許效賢字子官莆田人嘉靖中訓新昌喜誦說仁義論難經旨辨註疏異同津津不厭口未嘗言利視諸

生貧者尤加意恤之歲時餽遺輒弗受諸生有終喪而以幣見者歎曰吾聞禮尚賵賻哀有喪也吾未之能行而又有受於子乎亟麾去署縣事乃以贖金置學田若干畝其律已甚嚴而與人甚恕人稱長者去之日爲立碑志思云

以上皆各縣訓導

紹興府志卷之四十二終

# 紹興府志卷之四十三

## 人物志六

### 寓賢

在昔文獻之盛必曰中原自晉之東宋之南鑾輿旣遷而衣冠從之東南文獻始甲於四方矣吾越多佳山水賢人達士往往攜其家而家焉雖天下大亂而觴詠巖壑身全而名永其流風至今可想也古者思其人則愛其甘棠而不忍翦伐焉況其終身之所居處而游衍其子孫猶有供伏臘而振簪纓者乎是不

可無志也志之曰寓賢

漢梅福字子真九江壽春人少學長安明尚書穀梁春秋爲郡文學補南昌尉成帝時王氏浸盛災異數見羣下莫敢正言福以孤遠屢上書譏切王氏帝不能用遂棄官歸壽春常以讀書養性爲事元始中王莽顓政一朝棄妻子去人傳以爲僊其後有見於會稽者變名姓爲吳市門卒云今山陰有梅山梅市梅里

吳范平帝時隱居耕作王莽居攝攜妻子隨梅福隱

吳門徒烏程餘不鄉後人名其所居曰吳羗山

袁忠汝陽人安元孫也與同郡范滂爲友同陷黨獄得釋初平中爲沛相乘葦艀到官以清亮稱及天下亂棄官家上虞後徵爲衛尉未至卒子秘擊黃巾賊戰死郡旌其門時同死者七人號七賢

許靖汝南人舉孝廉與從兄邵俱有人倫臧否之鑑董卓之亂去隱會稽後仕蜀累官太傅司徒

陸瑁字仲芳毗陵人明京氏易尚書風角星算皆精辟王簿視事旬日謝病隱會稽

蔡邕字伯喈陳留人漢靈帝時爲議郎上封事忤中常侍邕與家屬髡鉗徙朔方會赦還王甫弟智守五原餞之邕不爲禮智銜之誣以怨謗邕迺亡命江海遠跡吳會嘗經會稽柯亭見屋椽竹取以爲笛聲韻奇絕又書曹娥碑陰八字即其時也

桓曄一名嚴或作儼字文林龍亢人榮五世孫仕郡爲功曹舉孝廉方正皆不應初平中避地會稽止故魯相鍾離意舍越人化其節閭里不爭訟太守王朗給服食牛羊悉不受

孔潛本宣聖十七代孫漢末爲太子少傅避地會稽遂世爲郡人孔道隆孔覬皆其後也

〈三國〉劉綱字伯經下邳人初居四明山及爲上虞令政尚淸簡比歲豐稔慕漢葉令王喬乃受道於白君飄然有遠舉之意遂家餘姚

〈晉〉許詢字元度高陽人父皎爲會稽内史因家焉詢有才藻善屬文能淸言與太原孫綽齊名隱居不仕徵爲𠢕議郎不就築室永興之南山蕭然自致乃號其岫曰蕭然山一時名士無不欽慕劉惔嘗曰淸風

明月恨無元度後終於剡山

戴逵字安道譙國人不樂當世以剡多名山因居剡少傅學好談論善屬文以禮度自閑深以放逸爲非武陵王晞聞其善鼓琴使人召之逵對使者破琴曰戴安道豈王門伶人邪孝武帝時累召辭父疾不就郡縣敦逼不已乃逃於吳會稽内史謝元慮逵遠遁不返上疏請絶召命帝許之逵復還剡後王珣爲尚書僕射復請爲國子祭酒竟不至所著有五經大義三卷纂要一卷竹林七賢論一卷文集十卷别傳一

卷

王羲之字逸少本瑯琊臨沂人司徒導從子也少有美譽朝廷公卿皆愛其材器爲右軍將軍會稽內史雅好服食養性不樂居京師初渡浙江見會稽有佳山水名士多居之卽有終焉之志時孫綽許詢支遁輩皆以文義冠世並築室東土與羲之同好嘗修禊山陰之蘭亭觴咏竟日自爲序書之爲古今勝事晉祚中替重以敦峻敲亂羲之自負經濟知時事不可爲遂稱病去郡於父母墓前誓不復仕遂與東土人

士釣弋採藥盡山水之樂嘗遺謝萬書有曰古之辭世者或被髮陽狂或汚身穢迹可謂艱矣今僕坐而獲逸遂其宿心豈非天幸頃東遊還修植桑果今盛敷榮率諸子抱弱孫游觀其間有一味之甘割而分之以娛目前雖植德無殊邈猶欲教養子孫敦厚退讓彷彿萬石之風志願畢矣子七人徽之操之獻之最著留家山陰遂世爲山陰人

謝安字安石其先陳郡陽夏人自祖衡寓居會稽遂爲越人父裒太常卿安少有重名初辟司徒府除著

作郎並以疾辭居會稽東山與王羲之許詢支遁游處出則漁弋山水入則言詠屬文無當世意除尚書郎瑯琊王友並不起有司奏安被召歷年不至禁錮終身遂棲遲東土每游賞必以妓女從簡文帝時上相日安石既與人同樂必不得不與人同憂召之必至時安弟萬爲征西中郎將總藩任之重安雖處衡門其名出萬右及萬黜廢安始有仕進志時年四十餘矣桓温請爲司馬甚見禮敬尋除吳興太守在官無當時譽去後爲人所思頃之徵拜侍中遷吏部尚

書中護軍簡文帝疾篤温上疏薦安宜受顧命及帝崩温入赴山陵止新亭大陳兵衛將移晉室呼安及坦之欲於坐中害之坦之甚懼問計於安安神色不變曰晉祚存亡在此一舉既見温坦之流汗沾衣倒執手版安從容就席曰安聞諸侯有道守在四鄰明公何須壁後置人邪温笑曰正自不能不爾耳遂笑語移日坦之與安初齊名至是方知坦之之劣時温威振內外人情恟恟安與坦之盡忠匡翼終能輯穆及温病篤諷朝廷加九錫使袁宏具草安見輒改之

由足歷旬不就會溫卒錫命遂寢尋詔安總關中書事安義存輔導不存小察弘以大綱中外賴之嘗與王羲之登城悠然遐想有高世之志羲之謂曰夏禹手足胼胝文王旰食不暇今四郊多壘宜思自效而虛談廢務恐非所宜安曰秦任商鞅二世而亡豈清言致患邪是時宮室毀壞安欲繕之尚書令王彪之等以外寇爲諫安不從竟獨決之宮室用成皆仰模玄象合體宸極而役無勞怨帝始親萬幾進安侍中都督諸軍事時苻堅强盛疆埸多虞安遣弟石及兄

子元等應機征討所在克捷封建昌縣公堅後率衆號百萬次淮淝京師震恐加安征討大都督元入問計安答曰已別有旨既而寂然元不敢復言遂命駕出山墅親朋畢集方與元圍棊賭別墅安棊常劣於元是日元懼便爲敵手而又不勝遂游陟至夜乃還指授將帥各當其任桓冲請以兵入援安辭卻之元等既破堅有驛書至安方對客圍棊看書既竟了無喜色客問之徐曰小兒輩遂已破賊以總統功進拜太保再封廬陵郡公安方欲混一文軌上疏求自北

征乃進都督十五州軍事加黃鉞安雖受朝寄然東山之志始末不渝每形於言色及遇疾悵然謂所親曰昔桓温在時吾嘗懼不全忽夢乘温輿行十六里見一白鷄而止乘温輿者代其位也十六里止今十六年矣白鷄主酉今太歲在酉吾病殆不起乎乃上疏遜位尋薨時年六十六帝三日臨于朝堂賜殮具甚厚贈太傅謚文靖安兄奕弟萬石子琰從子元並爲晉名流家會稽奕爲桓温司馬狂誕不羈温毎屈意容之歷豫州刺史萬器量不及安而善自衒燿伺

文帝召爲從事中郎每着白綸巾鶴氅裘而前共談
移日後亦爲豫州刺史石琰元同破符堅自有傳
孫統字承公中都人馮翊太守楚之孫也與弟綽及
從弟盛避亂過江家於會稽性誕任不羈而善屬文
嘗爲鄞令轉在吳寧居職不屑碎務縱意山水開歷
窮名勝後爲餘姚令縣內大治卒於官子騰以博學
稱仕至廷尉騰弟登善名理注老子仕至尚書郎盛
著晉春秋盛曾孫康嘗映雪讀書仕至御史大夫
孫綽字興公與兄統皆博學善屬文綽遊放山水十

有餘年乃作遂初賦又嘗著天台山賦初成以示友人范榮期曰卿試擲地當作金石聲也内史王羲之引爲右軍長史桓温欲移都洛陽朝議不敢異綽獨上䟽温不悅曰致意興公何不尋君遂初賦知人國家事邪綽少以文才著稱於時温王郗庾諸公之薨必綽文然後刊石焉

阮裕字思曠陳留尉氏人僑居剡縣累辟不就郎家拜臨海太守少時去職後除東陽太守尋徵侍中皆不就還剡山有肥遁之志或問裕曰子辭徵聘而宰

二郡何耶裕曰雖屢辭王命非敢爲高也吾少無宦情兼拙於人間既不能躬耕自活必有所資故曲躬二郡豈以騁能聊自資耳年六十三卒壟剡山子寧孫萬齡世居剡並列顯位永初末萬齡以侍中解職東歸稱一代高士

南北朝孔淳之字彥深會人居剡性好山水每有所游必窮幽峻或旬日忘歸會稽太守謝方明苦要之不能致使謂曰苟不入吾郡何爲入吾郭淳之笑曰潛游者不識其水巢棲者不辨其林飛沉所至何問其

主終不肯往茅室蓬戶庭草蕪徑惟床上有數帙書

元嘉初徵爲散騎侍郎乃逃於上虞界中家人莫知

所在

江淹字文通考城人少有文名位至金紫光祿大夫

後寓居永興今江寺其故宅也

杜京產字景齊錢塘人少與同郡顧歡同契於始寧

東山開舍授學劉瓛入東與之游曰杜生當今之臺

尚也永明十年徵爲奉朝請不至乃隱於餘姚日門

山聚徒教授建武初徵爲員外散騎侍郎不就卒

顧歡字景怡鹽官人六歲時父使驅雀田中歡因作黃雀賦不復顧雀食稻過半貧無所受業竊聽隣人讀書悉記不遺後以經學開館受徒常百餘人僑居剡縣有文義三十卷

褚伯玉字元璩錢塘人少有隱操寡嗜慾往剡居瀑布山三十餘年隔絕交往齊高帝手詔吳會二郡敦遣辭以疾上不欲違其志勑剡白石山立太平館居之

何胤字子季廬江灊人仕齊至中書令以越山多靈

興欲往遊焉乃賣園宅棄官去居若耶山初亂二兄求點並棲遁世謂何氏三高胤所居曰東山梁武帝踐祚詔爲特進不起有敕給白衣尚書祿胤辭又敕山陰庫錢月給五萬不受乃勑何子朗孔壽等六人於東山受學胤以若耶處勢迫隘不容學徒遂遷秦望山山有飛泉迺起學舍卽林成園因巖爲堵別爲小閣室寢處其中躬自啟閉僮僕無得至者及卒簡文帝爲誌其墓

辛普明字文達河南人僑居山陰少就關康之受業

至性過人居貧與兄共處一帳兄亡以帳圍柩故甚多通夕不得寢晉明處之怡然及塋鄉人高其行爭以金賻後至者不復受人問其故答曰本以兄墓不周故不逆親友之意今塋費已足豈可利餘贈邪豫章王嶷領揚州徵爲議曹從事不就

顧野王字希馮吳郡人博學有至性天文地理篆隸占候靡不通貫侯景之亂倡義宣力城陷逃於會稽撰玉篇輿地志分野樞要續洞冥記諸書

唐司馬承禎字子微傳辟穀導引術隱居天台桐柏

山著天隱子武后時屢召不起開元中被召過新昌大悔今僊桂鄉有司馬悔山又有悔橋再被召賜號貞一先生先期告終忽若蟬蛻弟子斂空衣塟之

康希詵一名希僊嚴州人年十四明經登第歷海濮饒房台睦六州刺史皆有異政顔眞卿撰碑記其事開元初入計請老於會稽或曰希僊爲睦州刺史自州昇僊則誕矣

吳筠字貞節華陰人隱居嵩山元宗召見與語悅之敕待詔翰林每開陳皆名教世務以微言諷天子天

子重之懇辭還嵩山後以天寶亂僑居於剡

張志和字子同金華人年十六擢明經待詔翰林後坐事貶以親喪遂不復仕築室越之東郭自稱烟波釣徒每垂釣不設餌志不在魚也著元眞子觀察使陳少游表其居曰元眞坊又爲拓地大其閭號囬軒巷陸羽嘗問孰爲往來者對曰太虛爲室明月爲燭與四海諸公共處未嘗少別也何有往來志和善圖山水或擊鼓吹笛舐筆輒成嘗撰漁歌憲宗圖眞求其人不能致

方干字雄飛新定人工詩賦始舉進士有司奏干缺脣不可與科名干遂遯迹鑑湖蕭然山水間以詩自放咸通中太守王龜知其亢直薦爲諫官召不就將殁謂其子曰誌吾墓者誰歟吾之詩人自知之誌其日月姓名而已及卒門人私謚曰元英先生唐末宰臣奏名儒不遇者十五人追賜進士出身干與焉

朱放字長通襄州人隱於越之剡溪徵辟皆不就有詩一卷

羅隱字昭諫杭州新城人有詩名嘗說錢鏐舉兵討

朱溫曰縱無成功亦可退保杭越奈何交臂事賊爲終古之羞乎光啟中鏐表爲錢塘令歷發運使後寓居蕭山卒墓在許賢鄉

宋劉器之字安世元城人母石亞之之女也以故器之自幼遊學新昌之石溪義塾後官至諫議大夫謚忠宣

尹焞字彦明本洛人少師事程頤嘗應舉發策有誅元祐諸臣議焞曰噫尚可以干祿乎哉不對而出告頤曰焞不復應進士舉矣頤曰子有母在歸告其母

母曰吾知汝以善養不知汝以祿養頎聞之曰賢哉

母也於是終身不就舉靖康初用种師道薦召至京

師不欲留賜號和靖處士及金人陷洛焞闔門被害

焞死復甦劉豫以兵刼焞焞抗罵不屈夜徒步渡渭

潛去紹興八年除秘書少監兼崇政殿說書每當講

日前一夕必沐浴更衣以所講書置案上朝服再拜

齋於燕室高宗嘗語叅政劉大中曰焞學問淵源足

爲後進矜式班列中得老成人亦見朝廷氣象乃以

焞直徽猷閣留侍經筵復除權禮部侍郎兼侍講因

極論和議之非又以書切責秦檜尋乞致仕其婿邢純迎養于越居二年而卒因葬焉年七十有二所著有和靖文集十卷

羅從彥字仲素南劍人初爲博羅主簿聞楊時得程氏之學慨然慕之時爲蕭山令從彥徒步往從見時三日卽驚汗浹背曰不至是幾虛過一生矣久之卒業學者稱爲豫章先生

陳傅良瑞安人登進士官至寶謨閣待制學者稱爲止齋先生嘗館於新昌黄度家石呂子弟多從之遊

至今父老有談其遺訓者

宋延祖字嗣宗濟南人建炎南渡因家上虞紹興中登進士尉於潛教授廣德除國子監主簿嘗言招軍利害又欲重湖廣帥權孝宗甚嘉納之除起居郎兼權給事中繳駁奏論無顧避未幾改諫議大夫兼侍讀遷兵部尚書延祖以忠公受知不三年而登八座亦自謂遭時遇主知無不言尋卒于官 祀鄉賢

王義朝字國賓處州麗水人登進士主光澤簿調紹興教授因家上虞嘗進易論十二卷高宗下其書國

子監命典諸王宮大小學歷江東提舉罷歸所著有禮制五卷易說十卷誌頌書啟古律詩雜文共十五卷

程迥字可久初家寧陵之沙隨靖康之亂徙餘姚孤貧漂泊年二十餘始讀書時喪亂甫定薦紳先生多寓錢塘迥授經學於崑山王葆嘉禾聞人茂德嚴陵喻樗其說具是矣自潤色之至深邃專門教授學者稱爲沙隨先生尤好言易言易者人人殊然以沙隨爲宗註書百餘卷舉隆興初進士初尉太興遷德興

丞終進賢令所至皆著異政然不究其施用朱熹稱其博聞至行追配古人釋經訂史開悟後學云

王銍字性之汝陰人寓居剡中善屬文不樂仕進讀書五行俱下藏書滿架銍旣卒秦相子熺屬郡將索所藏書許官其子銍子泣拒之曰願守此書以死不願官也熺竟不能奪

李顯忠字君錫本名世輔綏德青澗人孝宗元年丙祠居會稽遂卒而葬焉初爲鄜延路兵馬紹興中自西夏率衆來歸高宗召對便殿奬賚甚渥賜今名兀

朮寇邊會諸將戰於拓皐大敗之顯忠生長邊陲熟悉情形因上恢復之策忤秦檜意屏居台州久之金主亮入寇詔起顯忠爲池州都統與金戰於大人洲首挫其鋒亮擁兵犯淮西王權敗走詔顯忠代之遂同虞允文大敗亮於采石復和州又復靈壁文復宿州中原震動會副將邵宏淵忮功不協唱言惑衆心士無鬬志師遂潰於符離顯忠歎曰天未欲平中原耶而沮撓若此乃納印待罪責授團練使安置長沙徙信州後朝廷知其故復太尉歸老於會稽歲賜米

三千石顯忠生而神奇立功異域父子破家徇國志復中原未就而卒朝野惜之帝嘗奇其狀貌魁傑命繪像閣上謚忠襄

孟載本鄒國四十八代孫高宗時扈駕南渡授環衛上將軍卒贈太尉家諸曁夫槩里五世孫性善當元末博洽有大志熟諳孫吳所著有雅齋集

倪思其先自青州扈駕南遷居吳興思於乾道二年中博學宏詞科官禮部侍郎兼直學士院晚愛浙東山水徙會稽遂家焉史稱思直辭劘主屢觸權臣三

黜不變風節凛凛嘗傳綜班馬之趣爲異同一書藝林尚之

王俁字碩夫本宛丘人政和二年進士歷監察御史建炎初扈從南渡遂家餘姚召拜右司員外郎克舉其職紹興初命左右條具改正崇觀以來濫恩諸失職者爲飛語上聞免官復起爲兩浙轉運使遷戶部侍郎劉麟寇邊詔經理儲峙用度豐給秦檜專國俁家居一十八年檜死起知明州歷工部尚書尋罷歸卒俁節行剛方爲中興名臣子遂自有傳

錢時字子是淳安人游楊簡之門紹興守某延寘郡庠講學發明人心聞者有得

曾幾字吉甫贛州人以兄弼恩起將仕郎累官敷文閣待制立朝敢諫負氣不阿嘗三仕嶺表家無南物晩節猶重於人雖儉邪如湯思退猶以不得從游爲恨早從舅氏孔文仲弟兄講學時諫官劉安世以黨禁人無敢窺其門幾獨從之遊避地衡嶽又與胡安國遊故其學益邃爲文雅正尤工於詩有經說二十卷文集三十卷幾初與兄禮部侍郎開徙家河南紹

典末因官浙東卜居於越寄禹蹟寺未幾其子浙西提刑逮迎養於官卒平江歸葬山陰之鳳凰山詔贈左光祿大夫諡文清

沈煥字天明錢塘人登熙寧進士初爲開封府推官以清慎聞超授右正言寶文閣待制元豐中議遣使賀遼奉詔行遼以趙資睦出迎煥能不辱命而歸及遼使至復命煥館之周旋中禮遂寢西北之釁時門下侍郎章惇謂給事中既爲三省屬凡所封駁宜先白後上詔從之煥曰如是則給事中失其職矣奏請

從丁亥詔又言青苗法之害拜樞密副使辭歸及神
宗崩以禮赴闕民咸遮道呼曰公無去願得留相天
子以惠吾儕已而歸錢塘太皇太后屢詔起不就乃
入越隱鑑湖之滸卒年七十有一謚忠肅河南程頤
爲之傳所著文及奏議三十餘卷立祠法雲寺右春
秋祀焉　子琰字公軌學于楊龜山之門登崇寧進
士授國子監直講高宗時擢御史以正本任人擇吏
理財養民賑困六事具疏又奏秦檜和議非是帝不
懌形於辭色琰拱默不爲動伺間復言帝爲改容陞

翰林愽士諫不行致仕遂渡錢塘廬父墓卒年八十有一蔡沈著其行狀葬青田鄉　琰子繼祿字承寵七歲舉神童乾道間以賢良試禮部授將作監丞以父艱廬墓不出者十年孝宗命爲著作郎遷右司諫與權臣牴牾而去寧宗召補御史奉使契丹歸克翰林學士逢歲旱奏除公田租一萬有餘弛浙東鹽禁俾民得採海救荒時京師有以飛語中韓王者詔訊其僚屬繼祿謂釁由小人恐行之無以慰王心一夕頻奏上意乃解富民王氏女盛姿容方將入宮圖易

后繼祿爭之得止又請納西南僑蠻八百餘人疏上不納遂託疾歸不兩月蠻衆果亂紹定間上幸其居多所講論端平二年卒御製誄詞勅安隱寺收拾賜田祀之魏了翁誌其墓葬苦竹山子孫世居山陰

張震字彦亨魏公浚五世孫自綿竹屢徙居歙乾道己丑登進士歷院轄寺丞知撫州江西倉以不附韓侂胄罷歸嘉定初召爲郎遷右司郎官奉祠不復出時論以正人目之震娶會稽曾文清公女其子遠猷後爲紹興太守因家於越

張遠猷字辰卿震之子系出西蜀綿竹魏公浚六世孫也景定改元録張拭後以蔭登籍歷貴州朝列大夫出知紹興府直節不阿時賈似道秉鈞權傾一時遠猷爲郡守密邇京都自入覲外未嘗過蜀權門惟與叅知政事江萬里直學士院文天祥詩酒詛洽似道營私第於郡治之西官僚過其門者下車馬如藩即例遠猷於紆曲左右建二橋迂道避之其治行明察吏不敢舞文遂使四境肅然鏡湖田毎患旱潦殫心溝洫以爲蓄洩民獲有秋而會稽郡守馬臻遺制

廢墜畢張署中構思明堂自警郡人頌之及報政加大中大夫賜緋衣金魚袋致仕欲歸蜀會嘉定諸路方患西寇蜀道梗阻因卜居山陰卒葬雲門石人山其後裔繁衍多簪纓爲邑之望族

言逼字宗文本吳人文學子游之裔也咸淳二年以敷文閣學士知紹興悅其山川之秀遂卜居北鄉世爲山陰人

胡直孺字少汲高安華林人紹聖間擢進士爲編修營救元祐黨禍累遷工部尚書郎以龍圖閣學士知

洪州率兵禦金人於雍丘斬首千餘級已而兵潰見執在金營聞京城失守大慟不已金欲立異姓死爭之久得歸欽宗撫諭曰孤城久閉天下兵至者獨卿與張叔夜耳及張邦昌僭號歎曰吾豈事僞主耶高宗即位亟赴行在所奏盜虞吉戍兵改刑部尚書封開國伯奉祠治會稽攢宮因留焉未幾而卒葬雲門白水塘有西山老人集

韓肖胄相州人忠獻公琦之曾孫徽宗時賜同上舍出身建炎初爲工部侍郎條奏戰守計千餘言後以

資政殿學士知紹興府尋奉祠與其弟膺胄寓居於越事母以孝聞卒謚元穆

謝翱字皐羽閩人也少倜儻有大節以文章名家元兵取宋文天祥開府延平翱傾家貲率鄉兵數百人赴難遂參軍事天祥轉戰閩廣至潮陽被執翱匿民間流離久之間行抵勾越勾越多故家而王監簿諸人方延致游士日以賦詠相娛樂翱時出所長見者絕倒不知其爲天祥客也然終不自明遂結社會稽名其會所曰汐社期晚而信也嘗行禹穴之間循山左

右窺祐思諸陵北嚮哭東入鄞過蛟門臨大海則又哭晚登子陵釣臺以竹如意擊石歌招魂之詞失聲哭竹石俱碎有西臺慟哭記臺南白雲村方干故居也翱遊而悅之願即此爲葬地作許劒錄又爲晞髮集既歿友人如其言葬焉以文藁殉從翱志也

林德暘字景熙溫之平陽人咸淳中暘上舍釋褐進士歷泉州教授禮部架閣宋亡不復仕嘗寓越適楊髡發宋諸陵取其骨渡浙江築塔於宋內朝舊址棄遺骸草莽中人莫敢收景熙與同舍生鄭樸翁等數

人痛憤不能已乃相率爲採藥行陵上以草囊拾之盛以二函託言佛經瘞越山植冬青樹以志之而哭之以詩既而歸平陽尋爲會稽王監簿竹延致於是往來吳越者二十餘年所著詩文有白石藁白石樵唱詳見攅發下

鄭樸翁字宗仁平陽人咸淳中入太學賜上舍釋褐歷福州教授尋除國子正宋亡諸陵被發與友人林景熙等謀間行拾之語在景熙傳中既而歸隱薌山瀑下會稽王英孫延致賓館教授子弟二十餘年後

以病歸卒於家林景熙誌其墓曰余與鄭公生同里學同師由長至老又同出處而公洸毅直方自許致君澤民志不獲遂猶以言語文字扶植綱常精衛填海憑霄銜土重可悲也所著有四書要指二十卷禮記正義一卷雜著二卷曰續古有詩一卷曰厚倫皆精實並傳於世

家鉉翁眉州人以秘閣修撰充紹興府長史又爲浙東提刑元兵逼近郊鉉翁簽樞密獨不署降狀元帥欲縛之鉉翁曰中書省無縛執政之禮乃得免尋奉

衆使元被留以其節欲官之鉉翁義不屈三宮北狩鉉翁率故臣迎謁伏地流涕見者歎息文天祥女弟坐兄故繫獄鉉翁傾橐贖出之以歸其兄璧元成宗時放還年八十餘居於越與林景熙相唱和以壽終

舊志張元忭云按王長史綖紹興鄉賢贊有端明殿學士河南富公直柔考宋史直柔蓋鄭公之孫罷官家居姑蘇從葉夢得諸人遊以壽終于家未嘗寓越不知王贊何所據俟更考焉

元戴時才字仲文鄱陽人丰度清雅喜賓客好施與至正間任兩淮帥府知事退居蕭山湘湖濱徜徉山水自號南坡老人

斡勒海壽字允常河南人後家山陰爲人剛正有志節拜監察御史劾奏殿中侍御史合麻及其弟雪雪罪惡直聲震中外官至浙東廉訪使

貢性之字友初宣城人泰甫從子也初以胄子除簿尉有剛直名後補閩理官元亡明太祖徵錄泰甫後大臣以性之薦性之改名姓避居會稽躬耕自給或勸之仕默不應卒門人私諡曰貞晦

王澤字叔潤天台人制行端謹善歌詩喜游覽足跡半天下晚寓居山陰江北里時方國珍據有台温澤

引領家山欲歸不得因寄友人詩有云洪濤如山老蛟怒白日江干塞烟霧僊山咫尺不得歸目送冥冥鳥飛去人已覘識其微意矣

明劉基字伯温青田人年十四通春秋能文章長務理學尤精於天文兵法舉進士丞高安議不合去隱居力學嘗遊武林西湖有異雲起西北座客以爲慶雲將分韻賦詩基獨縱飲不顧曰此天子氣應在金陵十年後有王者起其下我當輔之方國珍反海上省憲辟基爲行省都事基議方氏首亂宜捕斬行省

以請于朝大臣多納方氏賄准招安授國珍官駁基擅作威福羈管紹興基發憤慟哭嘔血欲自殺家人力沮之於是居紹興放浪山水以詩文自娛凡新剡蕭暨諸名勝遊賞殆遍而盤桓雲門諸山最久具有記已而方氏益横朝議思基言復起之基意不屑卒棄歸著郁離子十卷明太祖兵下括蒼遣使來聘遂間道詣金陵定計帷幄卒爲元勳第一人

高啓字季迪姑蘇人爲吳下詩宗元季避地蕭山後還姑蘇仕至戸部侍郎其詩文有缶鳴槎軒太史等

集

蘇伯衡字平仲金華人流寓蕭山仕至翰林學士

王褘字子充金華人元季流寓蕭山與任原禮交最厚明洪武中起爲翰林待制奉使雲南不屈而死贈學士謚忠文

邵伯正先世汴人宋南渡居高郵明洪武初徙嵊由鄉舉爲南京戶部員外郎善經賦出納惟允以廉能稱尋有令江浙人不得官戶部遂謝事歸杜門好書善教族明宗纂叙圖系刻俗爲之歸厚云

朱右字伯賢臨海人元至正末司教蕭山因家上虞之五大夫市通詩書博學好古後進多從之游明洪武間宋濂薦入翰林歷官晉府長史所著有性理本原書傳發揮春秋傳類編三史鈎元秦漢文衡深衣考邾子世家元史補遺歷代統紀要覽白雲稿行於世卒葬蘭風鄉

王廉字熙陽括蒼人與兄霖寓居上虞研窮經史善琴制風木吟洪武初用學士危素薦爲翰林編脩終陝西布政使所著有史纂四書証解三禮纂要書海

逌辯左氏鉤元交山集迂論南征錄塟杭州西山無子

無名氏二人當永樂初一爲樵者寓耶溪日鬻薪兩束足食則已食已往畫詩溪沙上畫已輒亂其沙人怪之一日忽從後持抱乃得讀其詩云夢入鵷班覲紫宸醒來依舊泣孤臣半生家國惟餘我萬里江山盡屬人無地可容王蠋死有薇堪濟伯夷貧傍竹苟活緣何事要了熒熒一點真一爲僧寓雲門寺不言其由每從一童子携茗具筆床泛舟四遊賦詩滿袖

歸則焚之不留一字兩人者疑皆建文忠臣晦姓名而遯者也

楊定國兖州人崇禎間奉使過越聞變自縊死從者星散邑人范會憐之爲之營壟于賀家湖南歲時以雞黍致祭

姜埰字如農山東萊陽人崇禎辛未進士屢遷吏科給事中時內豎揭朝堂指東林倪元璐等爲二十四氣埰奏是小人以此傾陷君子帝大怒廷杖劉宗周疏救謫戍邉海赦歸同弟垓庚辰進士奉母寓章閶

家出盡孝養與章正宸爲道義交

梅念殷湖廣麻城人巳卯舉人避流寇寓居稱心寺善詩文體近離騷

高弘圖山東人萬曆庚戌進士講學東林寓居會稽聞變絶粒死與劉宗周同時

祝淵字開美海鹽人崇禎癸未上書救劉宗周下詔獄尋赦歸宗周以書詔之淵輿疾至讀書古小學後以營葬還里聞變結悅死

沈大聲字元夏陝西人歲進士工詩文尚氣節隨父

任寓居龍山之後抱志以殁太史毛奇齡作詩挽之

# 紹興府志卷之四十四

## 人物志七

### 鄉賢之一　列傳前

舉賢者而祀於鄉曰鄉賢則凡有一才一德之稱於鄉者得不謂之賢哉乃輓近世祀者未必賢賢者未必祀久矣其不可求賢於祀也茲爲列傳於古則證諸史於今則質諸鄉諮之必周然而無敢徇也核之必審然而無敢苛也不以科第爲甲乙不以門地爲進退卽列名之中而辭有詳畧指寓抑揚亦不以官

爵爲軒輊若乃先後之序則一以世次各從其類而無關於差等焉矢心天日庶幾無愧知我罪我所不敢知也

漢賀純字仲眞山陰人少爲諸生博極羣藝三舉賢良方正皆不就復徵議郎數陳災害上便宜數十事多見省納遷江夏太守

鍾離意字子阿山陰人少爲郡督郵亭長有受人酒禮者府下記案考之意封還記言於太守侯霸曰春秋先內後外今宜先清府內且濶畧遠縣細微之愆

霸甚賢之遂任以縣事舉孝廉辟司徒掾嘗部送徒詣河内冬寒徒不能行意移屬縣使作徒衣具以聞光武得奏以示霸曰君所使掾乃仁於用心誠良吏也意遂於道解徒桎梏與尅期俱至無或違者除瑕丘令吏有犯法者既服不忍誅吏父謂其子曰無道之君以亦行誅有道之君以義行誅遂令進藥而死再遷堂邑令縣人防廣爲父報讎繫獄其母死廣哭泣不食意傷之乃聽廣歸歛母訖果還入獄意密以狀聞廣竟得減死顯宗即位徵爲尚書時交趾太守

張恢坐贓伏法以貲物簿入大司農詔頒賜羣臣意得珠璣悉委地不拜賜帝問其故對曰孔子忍渴於盜泉之水曾參回車於勝母之閭惡其名也此贓穢之寶誠不敢拜帝嗟嘆曰清乎尚書之言乃更以庫錢三十萬賜意轉尚書僕射車駕數幸廣成苑意以爲從禽廢政當車陳諫天子卽時還宮永平三年夏旱而大起北宮意詣闕免冠疏請帝策報罷遂應時澍雨焉帝性褊察好以耳目隱發爲明公卿近臣數被詆毀至見提曳朝廷爭爲嚴切以避誅責意獨敢

諫諍數封還詔書臣下過失輒救解之帝雖知其至
誠然亦以此故不久留出爲魯相後德陽殿成百官
大會帝思意言謂公卿曰鍾離尚書若在此殿不立
意視事五年以愛利爲化卒于官 祀鄉賢

黄昌字聖真餘姚人居近學宮遂就經學又曉習文
法仕郡爲决曹刺史行部見而奇之辟從事後拜宛
令政尚嚴猛好發奸伏皆稱神明遷蜀郡太守先太
守李根年老多悖政及昌到吏民訟者七百餘人悉
爲斷理莫不得所宿惡大奸皆奔走他境後歷官大

司農

孟嘗字伯周上虞人其先三世爲郡吏並伏節死難嘗仕郡爲戸曹史上虞有寡婦養姑至孝姑壽終夫女弟誣婦鴆姑嘗知其枉言之太守不爲理婦竟寃死郡中連旱二年後太守殷丹問故嘗因舉東海殺孝婦事以對丹刑訟女祭婦墓天乃大雨後遷合浦太守郡不産穀而海出珠常通商貿穀先時太守採求無節珠漸徙交趾界行旅不至民甚病之嘗到郡釐革其弊去珠復還皆稱神明後被徵吏民攀留不

得進乃夜遁去即隱處窮澤身自耕傭鄰縣士民慕其德就居止者百餘家桓帝時尚書同郡楊喬表薦之竟不用年七十而卒　祀鄉賢

鄭弘字巨君山陰人少爲鄉嗇夫太守第五倫見而奇之召署督郵舉孝廉弘師同郡河東太守焦貺楚王英謀逆露引貺貺被收道亡妻子繫詔獄諸生故人皆變名姓避去弘獨髠頭負鐵鑕詣闕爲貺訟罪顯宗悟赦其家屬弘護貺喪及妻子還鄉里由是顯名累遷尚書令弘前後所陳有裨益王政者皆著之

南宫以爲故事出爲平原相徵拜侍中遷大司農元和初爲太尉時舉將第伍倫爲司空班在下每朝見弘曲躬自卑帝問知其故遂聽置雲母屏風分隔之奏尚書張林阿附竇憲而素行贓穢憲奏弘大臣漏泄密事帝詰讓弘收上印綬弘自詣廷尉詔赦出之乞骸骨未許病篤上書陳謝并言憲短帝省章遣醫占弘病臨殁悉還賜物敕妻子褐巾布衣素棺殯殮以還鄉里祀鄉賢

虞國餘姚人少有孝行後爲日南太守以化治稱常

有雙鴈宿止廳事每出行縣輒飛逐車國卒于官鴈逐喪至姚棲墓上不去至今呼其地曰雙鴈國有從曾孫歆亦守日南稱小虞

謝夔吾字堯卿山陰人少爲郡吏太守第伍倫禮信之舉孝廉爲壽張令永平十五年蝗發太山流徙郡國游食五穀過壽張飛逝不集稍遷荆州刺史章帝駕幸魯陽詔夔吾錄囚夔吾決正一縣三百餘事事與上合上嘆息曰諸州刺史盡如此朕不憂天下遷鉅鹿太守所在愛育人物有善績第伍倫嘗令班固

爲文薦之後以行春乘柴車從兩吏冀州刺史上其儀序失中有損國體左轉下邳令夔吾尤善風角占候嘗豫尅死日如期果卒敕其子曰漢末當亂必有發冢露骸之禍使懸棺下壟墓不起墳

魏朗字少英上虞人爲兄報讐亡命陳國從博士郤仲信學春秋圖緯又詣太學受五經京師長者李膺之徒爭從之初辟司徒府再遷彭城令時中官子弟爲相國多行非法朗與更相章奏幸臣忿疾欲中之會九真賊起乃共薦朗爲九真都尉到官奬勵吏兵

討破羣賊斬首二千級桓帝美其功徵拜議郎遷尚書屢陳便宜有所補益出爲河内太守政稱三河表尚書令陳蕃薦朗公忠亮直宜在機密復爲尚書會被黨議免歸朗性矜嚴閉門整法度家人不見惰容後以黨被急徵行至牛渚自殺著書數篇號魏子祀鄉賢

盛憲字孝章會稽人舉孝廉補尚書郎稍遷吴郡太守以疾去官居餘姚孫策平定吴會誅其英豪不附己者憲素有盛名策深忌之少府孔融憂其不免致書曹操稱孝章實丈夫之雄天下談士依以揚聲宜

有以引拔之操徵爲騎都尉制命未至果爲孫權所害子巨奔魏位至征東司馬

吳魏騰字周休上虞人朗之孫也爲孫策功曹以忤意見譴將殺之衆莫能救策母吳夫人乃倚大井謂策曰汝新造江南當優禮賢士舍過錄功魏功曹在公盡規汝今日殺之人必叛汝吾不忍禍之及當先投此井策大驚遽釋騰其後孫權在位復以事忤權幾被殺賴同邑吳範救之得免然性剛直行不苟合雖遭困終不撓歷遷鄱陽太守

駱統字公緒會稽人少孤值歲饑統爲之飲食減少姊問其故統曰士大夫糟糠不足我何忍獨飽姊以私粟與統輒以分施由是得名孫權領會稽太守統年二十試爲烏程相民戸過萬咸嗟其惠理召拜功曹統志在補察苟所聞見夕不待旦常勸權以尊賢接士出爲建忠郎將疏請寬征徭蘇民困權每嘉納之從陸機破蜀軍於宜都後爲濡須督數陳便宜前後書數十上咸有裨益黄武七年卒

綦毋俊上虞人爲交趾刺史拔濟一郡遜爵土之封

晉賀循字彥光山陰人齊之曾孫也父邵仕吳爲中書令以忠諫忤孫皓誅死循童齔不羣進止必以禮歷武康令政教大行以陸機薦補太子舍人陳敏之亂詐詔書授循丹陽內史不屈元帝爲晉王以爲軍諮祭酒稱疾固辭帝親幸其舟就加朝服賜與甚厚一無所受轉太常領太子太傅廷尉張闓將奪左右近宅以廣其居作都門早閉夜開民患焉因詣循質之闓聞遽詣循謝而毀其門其爲人敬服如此時朝廷初建動有疑滯宗廟制度皆循所定朝野諮詢爲

當世儒宗疾篤上親幸執手流涕太子親臨者三卒贈司空謚穆子縣康帝時官至臨海太守祀鄉賢

孔愉字敬康山陰人年十三而孤養祖母以孝聞與同郡張茂偉康丁潭世康齊名人號會稽三康吳亡愉遷于洛歸至江淮遇石冰封雲爲亂逼愉爲參軍不從幾爲所殺東還會稽入新安山中改姓孫氏以耕讀爲務信著鄉里後忽捨去衆以爲神爲之立祠建興初始出應召爲丞相掾時年五十矣以討華軼功封餘不亭侯愉嘗行經餘不亭見籠龜於路者愉

貫而放之溪中龜中流左顧者數四及是鑄侯印而印龜左顧三鑄如初遷侍中太常及蘇峻反愉朝服守宗廟初溫嶠母亡遭亂不得塟至是峻平愉往石頭詰嶠嶠執愉手流涕曰天下喪亂忠孝道廢能持古人之節歲寒不凋者惟君一人耳三遷尚書左僕射以論議守正爲王導所銜出爲會稽内史在郡三年乃營山陰湖南侯山下數畝地爲宅草屋數間棄官居之送資數百萬悉無所取年七十五而卒謚曰貞愉二子汪安國　汪字德澤好學有志行武帝時

位至侍中時茹千秋以佞媚見倖於會稽王道子江屢言於帝帝不納遂求出爲廣州刺史政績甚著爲嶺表所稱　安國字安國以儒素顯武帝時仕歷侍中太常再爲會稽内史領軍將軍及帝崩安國服衰絰擗泗竟日安帝隆安中詔曰安國貞愼清正出内播譽可以本官領東海王師後歷尚書左右僕射

舊志張元忭云忭按孔愉而下若謝元孔靖謝方明李光傅崧卿陳槖諸人皆以邦人守郡梭中或祀名宦或祀鄉賢今槩其生平宦蹟不甚著于郡者並列之鄉賢云

孔坦字君平愉從子也父侃大司農坦少方直有雅

望元帝爲晉王以坦爲世子文學東宮建補太子舍人遷尚書郎王敦反與右衛將軍虞潭倶在會稽起義討沈充遷尚書左丞蘇峻反坦欲庾亮先峻未至斷阜陵之界守江西當利諸口亮不能從峻遂陷臺城挾天子幸石頭坦奔陶侃論賊勢皆如所籌後遷侍中時成帝每幸王導府拜導妻曹氏有同家人及帝加元服尤委政導坦每從容勸帝宜博納朝臣諏諸善道由是忤導出爲廷尉怏怏不悅以疾去職加散騎常侍疾篤庾冰省之爲流涕坦慨然曰大丈夫

將終不問安國寧家之術乃作兒女子態耶冰深謝之卒時年五十一贈光祿勳謚曰簡祀鄉賢

孔奕愉之族父也爲全椒令明察過人時有遺其酒者始提入門奕遥呵之曰人餉我兩甖酒其一何故非也檢視一甖果是水或問奕何以知之奕曰酒重水輕提酒者手有輕重故耳在官有惠化及卒市人若喪親焉

孔嚴字彭祖奕之孫也少仕州郡歷司徒掾尚書殿中郎時朝廷崇樹殷浩以抗擬桓溫溫深不平浩又

引接荒人謀立功于外嚴言於浩曰當今時事艱難處任者所至不同所見各異頃來天時人情良可寒心願深思廉藺屈伸之道平勃相和之義又觀頃日降附之徒貪而無親難以義感浩深納之哀帝時以侯領尚書多所裨益拜吳興太守善於牧下甚得人和又甄賞才能之士論者美焉祀鄉賢

孔羣字敬林愉之從弟有智局志尚不羈蘇峻入石頭時匡術有寵於峻賓從甚盛羣與從兄愉同行於橫塘遇之愉止與語而羣初不視術術怒欲刃之愉

下車嘗救獲免峻平王導保存術嘗因衆坐令術勸羣酒以釋横塘之憾羣答曰羣非孔子厄同匡人雖陽和布氣鷹化爲鳩至於識者猶憎其目導有愧色

丁潭字世康山陰人元帝時爲尚書祠部郎時瑯琊王裒始受封帝欲引朝賢爲其國上卿卽以潭爲郎中令裒薨潭上疏求行終喪成帝時爲散騎常侍蘇峻作亂帝蒙塵於石頭惟潭及鍾雅劉超等隨從不離帝側峻誅賜爵永安伯累遷左光祿祭酒康帝卽位屢表乞骸骨詔以光祿大夫還第卒謚曰簡　祀鄉賢

虞駿字思行潭之兄子也機幹不及潭然其行素高王導謂駿曰孔愉有公才而無公望丁潭有公望而無公才惟卿兼之歷官吏部郎吳興太守不究其用而卒時人惜之子谷吳國内史

謝奉字弘道山陰人歷安南將軍廣州刺史吏部尚書後免官東還道遇謝安停三日共語安欲慰其失官奉輒引以他端雖信宿竟不言及安深恨之謂同舟曰謝奉故是奇士

謝元字幼度上虞人少頴悟與從兄朗俱爲叔父安

所器重及長有經國才畧時符堅彊盛數犯邊境朝廷求文武良將安以元應舉郄超素與元不善聞而歎曰元必不負所舉吾嘗見其使才雖履屐間亦得其任於是徵拜建武將軍監江北諸軍事符堅入寇衆號百萬詔以元爲前鋒都督諸軍事與叔父安從弟琰中郎將桓伊等拒之衆凡八萬堅進屯壽陽列陣臨淝水元軍不得渡元使謂符融曰君遠涉吾境而臨水爲陣是不欲速戰諸君稍却令將士得周旋僕與諸君緩轡而觀之不亦樂乎堅衆皆曰宜阻淝

水莫令得上我衆彼寡勢必萬全堅曰但却軍令得過而我以鐵騎數十萬向水逼而殺之融亦以爲然麾使却陣衆因亂不能止於是元與琰伊等以精鋭八千涉淝水決戰堅中流矢臨陣斬融堅衆奔潰自相蹈藉没水死者不可勝計淝水爲之不流詔進號前將軍假節封康樂縣公會翟遼張願叛河北騷動元自以處分失所上疏送節盡求解所職又以疾辭詔遣醫令自消息前後表疏十餘皆不報久之乃轉授散騎常侍左將軍會稽内史時吴興太守張元之

亦以才學顯與元同年之郡而名亞於元時人稱爲
南北二元元既與疾之郡卒葬始寧謚獻武
王徽之字子猷山陰人羲之第三子性卓犖不羈爲
桓溫參軍又爲桓沖騎兵參軍嘗夜雪初霽月色清
朗四望浩然獨酌酒詠左思招隱詩忽憶戴逵逵時
在剡便夜乘小舟訪之經宿方至造門不前而反人
問其故徽之曰本乘興而行興盡而返何必見安道
耶嘗寄居空宅中便令種竹或問其故徽之但嘯咏
指竹曰何可一日無此君耶後爲黃門侍郎棄官東

歸與獻之俱病篤術者云人命應終而人有樂代者則可生徽之謂曰吾才位不如弟請以餘年代之術者曰君與弟等俱盡何代也及獻之卒徽之奔喪不哭直上靈牀坐取獻之琴彈之久而不調歎曰嗚呼子敬人琴俱亡因頓絕月餘亦卒　子楨之字公榦歷大司馬長史桓元爲太尉朝臣畢集問楨之我何如君亡叔在坐咸爲氣咽楨之曰亡叔一時之標公是千載之英一坐皆悅

王獻之字子敬少有盛名高邁不羈嘗與兄徽之操

之俱詣謝安二兄多言俗事獻之寒溫而已既出客問王氏兄弟優劣安曰小者佳客問其故安曰吉人辭寡耳風流爲一時之冠工草隸善丹青謝安請爲長史太元中起建太極殿安欲使獻之題榜而難言之試謂曰魏時凌雲殿榜未題而匠者誤釘之不可下乃使韋仲將懸櫈書之比訖鬚鬢盡白裁餘氣息還語子弟宜絕此法獻之揣知其旨正色曰仲將魏之大臣寧有此事使其若此有以知魏德之不長安遂不之逼嘗從山陰道上行語人曰山川自相映發

使人應接不暇若秋冬之際尤難爲懷仕至中書令卒謚曰憲

許榮會稽人仕至左衛領營將軍時朝政既紊武帝不親萬機但與會稽王道子酣歌親暱僧尼榮上疏諫又陳太子宜出臨東宫克奬德業疏奏帝雖不省然自是漸不平於道子矣

南北朝孔靖字季恭山陰人宋武帝東征孫恩過靖宅靖方晝卧有神人謂曰起天子在門靖遽出適見帝延入禮接甚厚義熙初以靖爲會稽内史到任勅

止浮華，剪罰游惰，境内肅清，累遷吴興太守。先是吴興頻喪太守，相傳項羽爲神，居郡廳事，二千石至，常避之。靖居廳事，竟無害。帝北伐，以靖爲太尉軍諮祭酒，從平關洛，拜侍中，辭而東歸。帝餞之戲馬臺，百僚賦詩。及受命，加開府儀同三司，讓不受。薨，以爲贈。子坐、靈符，相繼爲會稽太守，並有聲績。靈運別有傳

孔琳之，字彦琳，强正有志力。桓元爲太尉，以爲西閣祭酒。元議欲廢錢用穀帛，又議復肉刑，琳之極論，以爲通之道，以爲不可，議遂寢。元好人附悦，而琳之不能

順吉以是不見知出爲吳興太守宋永初中爲御史中丞奏劾尚書令徐羨之傲違典憲時羨之領揚州刺史琳之弟璩之爲其從事以羨之意語琳之求釋焉琳之不許曰我觸忤宰相政當罪止一身汝必不應從坐何須勤耶自是百僚震肅莫敢犯禁武帝甚嘉之行經蘭臺親臨幸焉

孔覬字思遠琳之從孫少骨鯁有風力口吃好讀書早知名歷位中書黃門侍郎仕宋爲江夏內史性使酒仗氣不能曲意權幸居常貧罄未嘗關懷雖醉日

居多而明曉政事醒時判决如流衆云孔公一月二十九日醉勝世人二十九日醒也先是庾徽之爲御史中丞性豪麗服玩甚華覬代之衣冠器用莫不麤率蘭臺令史並三吳富人咸有輕之之意覬蓬首緩帶風貌清嚴皆重跡屏氣莫敢欺犯時吳郡顧凱之亦尚儉素衣裘器服皆擇其陋者宋世清約稱此二人後爲司徒左長史弟道存代覬爲江夏適都下米貴道存遣吏載米五百斛餉覬覬呼吏讓而御之吏乃載米去其清介每類此

謝方明上虞人伯父邈爲孫恩所殺方明以邈舅子馮嗣之等與恩通謀因結邈門生討而手刃之頃之孫恩重陷會稽謝琰見害因懸購方明方明於上虞載母妹奔東陽因還寄居國學方明嚴恪善自居遇雖暗室未嘗有惰容宋武帝受命位侍中丹陽尹有能名轉會稽太守江東民戶殷盛姦吏蜂起符書一下文攝相續又罪及比伍動相連坐邑里驚擾方明澗畧苛細務存綱領緩民期會莫敢犯禁除比伍之坐判久繫之獄東土稱詠之

虞愿字士恭餘姚人元嘉中爲湘東王國常侍明帝立除太常丞遷通直散騎侍郎帝以故宅創湘宮寺極侈謂新安太守巢尚曰此是朕大功德愿從旁正色曰陛下起寺百姓賣兒鬻女何謂功德帝大怒使人馳曳下殿愿無異容帝好圍棋與第一品王抗對奕愿曰堯以此教丹朱非人主所宜好也出爲晉安太守晉安有越王石常隱雲霧中太守清廉乃見愿至輙見無蔽郡産蚺蛇膽可已疾不易得有遺愿者輙放之蛇輙來歸褚彦回嘗訪愿愿方他出見其床

上積塵成寸有書數帙而已嘆曰虞君之清至此令人掃地拂塵而去官終後軍將軍

虞玩之字茂瑶餘姚人仕宋爲烏城令以按路太后外親朱仁彌坐免官元徽中爲尚書右丞齊高帝鎮東府玩之爲少府猶躡屐造席帝親取屐視之屐訑黑斜銳蔑斷以芒接之問曰卿此屐已幾載對曰釋褐時置此今三十年矣帝咨嗟賜以新屐不受帝問其故對曰今日之賜恩幸兼重但著簪敝席復不可遺後遷黃門郎及帝卽位玩之表言便宜多見采納

已而乙歸許之玩之好藏否人物孔逷王儉悵之至是東歸儉不出送朝廷無祖餞者中丞劉休曰虞公散髮海隅同古人之美而東都之送殊不藹藹士論愧之

孔逷字世遠山陰人好典故學與王儉交昇明中爲齊尚書儀曹郎屢箴闕禮多見信納上謂王儉曰逷眞所謂儀曹不忝厥職儉爲宰相逷常謀議幄帳儉從容啓上曰臣有孔逷猶陛下之有臣永明中爲太子家令卒

王思遠上虞人晏從弟也建武中爲吏部郎司徒左長史初明帝廢立之際晏實贊其謀思遠謂晏曰兄荷武帝恩今一旦贊人如此事何以自立及此引决猶可保全門戶不失後名晏不聽及晏拜驃騎侯會子弟謂思遠兄思徵曰隆昌之末阿戎勸吾自裁若用其語豈有今日思遠遽應曰如阿戎所見猶未晚晏卒以專恣見猜忌思遠謂曰時事稍異兄覺否凡人多拙於自謀而巧於謀人晏默然不旬日而有華林之禍後爲侍中掌起居注卒贈太常

孔休源字慶緒山陰人幼孤居喪盡禮每見父所寫書必哀慟不自勝見者爲之垂泣州舉秀才徐孝嗣省其策深善之謂同坐曰董仲舒華令思何以尚此梁臺初建爲太學博士一時名士如范雲沈約皆虛襟接之武帝嘗問吏部尚書徐勉求有學藝解朝儀者勉以休源對卽日除尚書儀曹郎時多所改作每逮訪前事休源卽以所記誦隨機斷決無疑滯任昉常謂之孔獨誦遷御史中丞正色無所回避百僚憚之後爲晉安王長史累佐名藩甚得美譽歷都官尚

書金紫光祿大夫車駕臨幸常以軍國事委之昭明太子薨有勅夜召休源入宴居殿參定謀議立晉安王綱爲皇太子自公卿珥貂插筆奏決於前休源怡然無愧及卒帝流涕顧謝舉曰休源居職淸忠方欲共康政道奄至殞殁朕甚痛之舉曰此人淸介彊直臣亦爲陛下惜謚曰貞子

徐摛字士秀剡人幼好學及長徧覽經史屬文好爲新變不拘舊體晉安王綱出戍石頭武帝謂周捨曰爲我求一人文學俱長兼有行者欲令與晉安遊處

捨曰臣外弟徐摛形質陋小若不勝衣而堪此選帝曰必有仲宣之才亦不簡貌乃以摛爲侍讀王入爲皇太子轉家令兼管記尋帶領直摛文體既別春坊盡學之宮體之變自斯而起帝聞之怒召摛加誚責及見應對明敏辭義可觀乃意釋因問五經大義次問歷代史及百家雜記末論釋教摛商較從橫應答如響帝甚加歎異更被親狎寵遇日隆領軍朱异不悅謂所親曰徐叟出入兩宮漸來見逼我須早爲之所遂承間白帝曰摛年老又愛泉石意在一郡自養

帝謂摛欲之乃召摛曰新安大好山水任昉等並經爲之卿爲我臨此郡中遂出爲新安太守爲政清靜教人禮義勸課農桑朞月風俗更改秩滿爲中庶子除太子左衛率及侯景攻陷臺城時簡文居永福省賊衆奔入侍衛走散莫有存者摛獨侍立不動徐謂景曰侯公當以禮見何得如此凶威遂折侯景乃拜由是常憚摛簡文嗣位進授左衛將軍固辭不拜簡文被景幽閉摛憂憤因感氣疾而卒　子陵字孝穆最有文名嘗爲剡令歷尚書左僕射自陳創業文檄

軍書及受禪詔策皆出其手爲一代文人　陵子份有父風九歲爲夢賦陵見之謂所親曰吾幼屬文亦不加此爲海鹽令有政績入爲太子洗馬性孝弟陵嘗疾篤份燒香泣涕跪誦孝經日夜不息如是者三日陵疾頓愈人謂份孝感所致

孔奐字休文琇之曾孫也陳永定三年除晉陵太守晉陵自宋齊以來爲大郡雖經寇擾猶爲全實前後二千石多行侵暴奐淸白自守妻子並不之官惟以單船臨郡所得秩俸隨即分贍孤寡郡中號曰神君

唐虞世南字伯施餘姚人性沉靜寡欲與兄世基受學于顧野王父荔卒世南毁不勝喪陳文帝召爲建安王法曹參軍陳滅與世基入隋方晉之二陸煬帝愛重其才然疾其峭正爲郎十年不徙當是時世基日貴盛服用擬王者世南躬貧約無改及唐興秦王引爲記室王即位超拜弘文館學士世南外若不勝衣而中實抗烈論議持正太宗嘗曰朕與世南商略古今有一言失未嘗不悵貞觀八年隴右山崩大蛇屢見山東及江淮大水帝憂之以問世南對曰春秋

時梁山崩晉侯召伯宗問焉伯宗曰國主山川故山崩川竭君爲之不舉降服乘縵徹樂出次祝幣史辭以禮晉侯從之故得無害漢文元年齊楚地震二十九山同日崩水大出詔郡國無來貢施惠天下遠近洽穆亦不爲災後漢靈帝時青蛇見御坐晉惠帝時大蛇經市入廟此所以爲怪今蛇見山澤適其所居山東淫雨江淮大水恐有冤獄枉繫宜省錄纍囚庶幾或當天意帝於是遣使賑饑理獄多所原赦帝嘗作宫體詩使虞和世南曰聖作誠工然體非雅正上

之所好下必有甚者臣恐此詩一傳天下風靡不敢奉詔帝曰朕試卿耳帝嘗命書列女傳于屏風于時無本世南暗疏之無一字繆帝每稱其五絶一曰德行二曰忠直三曰博學四曰文詞五曰書翰累封永興縣公卒年八十一詔陪葬昭陵贈禮部尚書謚文懿卒後數歲帝夢進讜言厚恤其家嘗下詔褒揚曰世南于我猶一體拾遺補闕無日無之當代名臣人倫準的今其云亡石渠東觀無復人矣

孔若思山陰人早孤其母躬訓教長以博學聞有遺

以褚遂良書者納一卷焉其人曰是書貴千金何取之廉若思曰審爾此亦多矣更還其半擢明經歷庫部郎中坐右置止水一石明止足意中宗初敬暉桓彥範當國以若思多識古今凡大政事必咨質以行三遷禮部侍郎出爲衛州刺史故事以宗室爲州別駕見刺史驁放不肯致恭若思劾奏別駕李道欽有詔別駕見刺史致恭自若思始累封梁郡公卒謚曰惠

孔敏行字至之山陰人元和初擢進士第歷官諫議

大夫時李絳遇害事本監軍楊叔元朝議莫敢顯攻之者獨敏行上書極論其罪風力勁然未及大用早卒贈工部尚書

羅珦會稽人寶應初詣闕上書授太常太祝曹王臯領江西荆襄節度使皆署幕府累遷副使臯卒軍亂刼府庫珦取首惡十餘人斬以狥環棘庭中俾投所刼庫物一日皆滿乃貰餘黨召爲奉天令中官出入輦道吏緣以犯禁珦榜笞之雖死不置自是屏息擢廬州刺史修學官政敎簡易有芝草白雀之祥淮南

節度使杜祐上治狀賜金紫服再遷京兆尹請滅平糴半以常賦充之人賴其利以老疾求解徙太子賓客累封襄陽縣男卒謚曰懿　子讓字景宣蚤以文學著聲舉進士宏辭賢良方正皆高第爲咸陽尉父喪幾毁滅服除布衣糲飯不應辟者十餘年淮南節度使李鄘延致幕府除監察御史累遷福建觀察使兼御史中丞有仁惠名或以婢遺讓者問所從答曰女兄九人皆爲官所賣留者獨老母耳讓憮然爲焚券召母歸之入爲散騎常侍拜江西觀察使卒贈禮

部尚書

夏香字曼卿蕭山人年十五縣長葛君會客飲宴時郡遭大旱問香以旱故答曰昔湯遭旱七年以六事自責而雨澤應澍周成王悔過而偃禾復起自古先聖畏懼天異必思變以濟民命今始罹天災縣界獨甚未聞明達崇殷周之德飲宴獨懽百姓枯瘁神祇有靈必不享也百姓不足君孰與足長曰事誠在我即罷會身捐俸祿以贍民饑衆服其格言後歷任邑長聲譽四聞

五代顧全武餘姚人事錢鏐爲武勇都指揮使將兵救嘉興破其三寨還守西陵將圖董昌乃先取餘姚降其令袁邠遂引兵克昌禽之越民懽呼動地先是蘇州告急鏐命全武舍越赴吳全武曰越固賊之根本柰何垂克而棄之至是取越乃航海至嘉興而淮兵圍其城甚急全武一鼓破其十八營擒其將士三千人遂乘勝取蘇州拔松江拔無錫常熟華亭諸郡縣而秦裴者守崑山不下力屈乃降全武宥之時稱長者

鮑君福餘姚人性淳厚有膽氣能馬上舞雙劍從錢鏐征討有功奏授衢州刺史清泰初自鎮海將軍節度副使遷右丞相太尉兼侍中卒謚忠莊

吳程字正臣山陰人父蛻大順中登進士累官禮部尚書程初以父蔭不事苦學有謂程曰觀子骨法與羣儒類但恨他日登將相不長談論耳程遂勤學錢鏐選婚于士族以女妻之元瓘襲國命程知睦州有政聲尋拜丞相授威神節度使軍政嚴肅卒謚忠烈

宋羅開滿字仲謙會稽人開寶間守臨江崇儒尚禮

士民化之卒贈臨江侯
王綵字敬素蕭山人眞宗時舉進士任興國軍司理辯重辟十有一人郡稱神明秩滿除台州軍事判官州少井人病之綵淘土爲筒引山泉入城每五里一穴以濟行者旋判衢州有惠政外臺移領婺州衢州人爭於境上曰我州一鑑何爲見奪至婺雪民寃抑民德之以紫檀肖像而祀之拜侍御史會湖南蠻攻郡縣詔綵安撫湖南至則諮察利病而前師立重賞以誅蠻人一級萬錢士卒往往戕樵餉者以爲功綵

下令得賊首者必指其鬬地以爲質其可擒者當生致之自是無枉戮者終尚書兵部員外郎子霽震露並歷顯職

錢彥遠字子高山陰人舉進士歷知潤州以地震上疏勸帝順天修德且言契丹據山後諸鎮趙元昊盜靈武銀夏湖廣蠻獠刼掠生民惟陛下念此三方之急講求久長之計以答天戒時旱蝗民乏食彥遠發常平倉以賑之部使者不能沮召爲右司諫知諫院會諸路奏大水彥遠言陰氣過盛在五行傳下有謀

上之象宜嚴宮省宿衛未幾果有挾刃入禁門者特
賜五等服卒于官弟明逸歷太常博士爲呂夷簡所
知擢右正言嘗希章得象陳執中意劾范仲淹富弼
二人皆罷其夕杜衍亦罷擢翰林學士時論鄙之
杜衍字世昌山陰人父遂良度支員外郎衍總髮苦
志勵操尤篤於學第進士補揚州觀察推官累擢知
乾州及鳳翔府所至民德之以太常博士提點河東
路刑獄辯獄久不決者數事又徙揚州章獻太后有
使至淮南使還太后問衍安否使者以治狀對太后

歎曰吾知之久矣會河北之軍費選爲都轉運使不增賦于民而用足歷知天雄軍始衍爲治謹密不以威刑督吏然吏民亦憚其清整衍自言歷知州提轉安撫未嘗壞一箇官員不職者諭以禍福俾自新從而遷善者甚衆不必繩以法也其有才行超卓者必力薦於朝雖一長片善亦必隨所能而薦之仁宗特召爲御史中丞衍奏言中書樞密古之三事大臣所謂坐而論道者也止隻日對前殿何以盡天下之事宜迭召見賜坐便殿以極獻替可否其他不必親煩

陛下也又議常平法以抑豪商通壅滯兼判吏部流內銓既數日命諸曹各具格式科條以白問曰盡乎曰盡矣閲視具得本末曲折明日令諸吏毋得升堂各坐曹廳行文書銓事悉自予奪由是吏不能爲姦數月聲動京師遷知永興權知開封府貴近聞衍名莫敢干以私拜樞密使與富韓范共事三人欲盡革衆事修綱紀小人權倖皆不悦獨衍與相左右而衍尤過絶僥倖每内降恩率寢格不行積詔旨至十數輒納帝前諫官歐陽修入對帝曰外人知杜衍封還

內降邪凡有求於朕每以衍不可告之而止者多於所封還也其助我多矣衍多知本朝故實善决大事初邊將議欲大舉擊西夏雖韓琦亦以爲可衍爭以爲不可大臣至有欲以沮軍罪衍者然兵後果不得出契丹與元昊大戰黃河外鴈門麟府皆警范仲淹宣撫河東欲以兵自從衍曰二國方交鬭勢必不來我兵不可妄出仲淹爭議帝前語抵衍衍不爲恨後契丹卒不來契丹婿劉三嘏避罪來歸輔臣議厚館之以詰契丹陰事諫官歐陽修亦請留三嘏帝以問

衍衍曰中國主忠信若自違誓約納叛亡則不直在我且三蝦爲契丹近親而逋逃來歸其謀身若此尚足與謀國乎納之何益乃還三蝦拜同平章事兼樞密使臺諫嫉衍者訐其婿他事劾奏之欲因以危衍且指衍爲朋比遂與仲淹弼同日罷衍爲相才百二十日以尚書左丞出知兗州慶曆七年衍七十乞致仕許之平生清介不殖私產既退寓南都幾十年第室卑陋處之裕如享客多用鬆器客有面稱嘆者曰公曾爲宰相貧乃爾耶衍命侍人盡取白金燕器陳

於前曰非乏此雅自不好爾然衍好施亦卒不蓄也張侍讀環曰祁公之好施人所能也其不妄施人所不能及也善爲詩工書行草皆有法皇祐元年遷太子太保召陪祀明堂赦應天府敦遣就道都亭驛設帳具几杖待之稱疾固辭進太子太傅賜其子同進士出身又進太子太師封祁國公病革帝遣中使賜藥挾太醫往視不及卒年八十贈司徒兼侍中謚正獻戒其子努力忠孝斂以一枕一席小壙庳塚以塟自作遺疏其畧曰無以久安而忽邊防無以既富而

輕財用宜早建儲副以安人心語不及私祀鄉賢

齊廓字公闢山陰人舉進士授梧州推官累遷太常博士知審刑詳議官出知通泰州提荆湖路刑獄潭州鞫繫囚七人爲强盗當論死廓訊得其狀付州使劾正乃悉免死平陽縣自馬氏時稅民丁錢歲輸銀二萬八千兩民生子至壯不敢束髪廓奏蠲除之初兼按察司時奉使者競爲苛刻邀聲名獨廓奉法如平時積官光禄卿直秘閣以疾分司南京改秘書監卒弟唐在儒林傳廓方使湖南時越州守蔣堂奏廓

及唐父母垂老窮居鄉里二子委而之官唐復久不歸省於是罷唐令歸侍養廓雖置不問然士論薄之矣

孫沔字元規會稽人第進士補趙州司理跌宕自放不守士節然材猛過人後以秘書丞爲監察御史裏行景祐初章獻太后服未除而禮官請用冬至日冊后沔奏請俟祥禫別擇日同安尉李安世上書指切時政得罪沔奏請宥安世以風言者黜知衡山縣道上書言時事再貶永州監酒已復爲監察御史再知

楚州所在皆著能蹟久之以起居舍人爲陝西轉運使時宰相呂夷簡求罷仁宗優詔弗許沔奏夷簡蔽賢蠹國語甚謇切帝不之罪兩月以禮部爲環慶路經畧使知慶州元昊死諸將欲乘其隙大舉滅之沔曰乘危伐喪非中國體三司所給特支物惡而估高軍士有語優人因戲及之沔曰此朝廷特賜何敢妄言動衆命斬之將佐爭言此特戲耳不足深罪沔徐呼還杖脊配嶺南謂之曰汝賴戲我前即私議動衆汝必死而告者超遷矣明日給特支士無敢譁者凡

三知慶州軍中畏懷徙秦州時儂智高反沔入見帝以秦事勉之沔曰臣雖老然秦州不足憂陛下當以嶺南爲憂明日官軍以敗聞帝謂沔先見遂以沔爲廣南路安撫使以便宜從事沔請益騎兵增選偏裨二十八人求武庫精甲五千絫知政事梁適折之曰毋張皇沔曰前日唯亡備故至此今豈可忘實備而示鎮靜耶居二日促行才與兵士百沔憂賊度嶺而北乃檄湖南北曰大兵且至其繕治營壘多具宴犒賊疑不敢北侵會遣狄青爲宣撫使沔與青會擊走

智高遷給事中還帝問勞解玉帶賜之以知杭州至南京召爲樞密副使契丹請觀太廟樂沔折之曰廟樂皆歌詠祖宗功德使人如能留聽吾祭乃可觀使遂不敢復請張貴妃薨追册爲后命沔讀册故事正后翰林學士讀册沔既陳不可用宰相護喪且曰陛下若以臣沔讀册則可以樞密副使讀册則不可遂求罷職以資政殿學士知杭州又徙并州已而諫官奏沔淫縱不法事按驗有迹責寧國節度使其後會恩以禮部侍郎致仕英宗即位遷户部歐陽修薦沔

可任邊事遂起爲資政殿學士知河中府又徙知延州道卒年七十一贈兵部尚書謚威敏舊志張元忭云按宋史謂沔頗知兵而以汚敗王長史綖述鄉賢遂斥沔不爲贊士君子律身可不愼歟

顧臨字子敦會稽人通經學爲國子監直講遷館閣校勘同知禮院臨知兵神宗詔編武經要畧且召問兵對曰兵以仁義爲本動靜之機安危所係不可輕也因條十事以獻出權湖南轉運判官提舉常平議事忤執政意罷歸元祐二年擢給事中朝廷方事回

河拜天章閣待制河北都轉運使翰林學士蘇軾等言臨資性方正學有根本封駁議論有古人風宜留寘左右不報臨至部請因河勢回使東流復以給事中召還歷刑兵吏三部侍郎兼侍讀爲翰林學士紹聖初以龍圖閣學士知定州徙應天河南府忌者指爲黨人斥饒州居住會覃恩還鄉里年七十二卒祀鄉賢

按會稽餘姚二志皆有臨傳然臨墓在會稽之石傘山則爲會稽人明矣

錢勰字穆父彥遠之子也以蔭補官神宗嘗召對將進用之王安石使弟安禮來見許爲御史勰謝曰家

貧母老不能萬里行安石知不附己命以他職知開
封府老吏畏其敏欲困以事導人訴牒至七百緦隨
即剖決乃驚詫去宗室貴戚爲之斂手召拜戸部侍
郎進尚書加龍圖閣直學士因忤章惇惇極意排詆
罷知池州卒 祀鄉賢

陸佃字農師山陰人受經于王安石安石當國首問
新政佃曰法非不善但推行不能如初意故反病民
耳擢甲科授蔡州推官初置五路學官選爲鄆州教
授召補國子監直講王雱用事好進者至崇以師禮

佃待之如平日以是在太學七年不徙官修定說文得入見神宗方議大裘佃考禮以對帝悅用爲詳定郊廟禮文官加集賢校理崇政殿說書進講周官帝稱善擢中書舍人給事中哲宗立去安石之黨士多諱變所從會安石卒佃率諸生哭而祭之識者嘉其無向背及預修神宗實錄數與史官范祖禹黄庭堅爭辯大要不肯詆安石庭堅曰如公言蓋佞史也佃曰盡如君意豈非謗書乎以龍圖閣待制出知江寧甫至即省安石墓紹聖初治史罪落職知海州徽宗

即位復爲吏部侍郎上正始疏拜尚書右丞進左丞佃執政持論多近恕每欲參用元祐人材尤惡奔競嘗曰天下多事則須不次用人苟安寧無事但當以資歷序進少緩之則士知自重矣時欲更懲元祐餘黨佃爲上言不宜窮治譏者用是詆佃曰佃名在黨籍不欲窮治正恐自及耳遂罷知亳州數月卒佃所著書二百四十二卷於禮家名數之說尤精如埤雅禮象春秋皆傳于世祀鄉賢

石牧之字聖咨新昌人第進士試校書郎移天台令

有能名時王安石知鄞陳古靈知僊居號江東三賢最後知溫州有毋訟于廷者牧之爲勸諭卒成孝子鹽城時有海寇牧之募壯士時訓練寇不敢犯爲民興利剗弊溫人甚德之所著有徃生錄易論解雜文歌咏共七卷

唐翊字浙師其先上蔡人五世祖始遷山陰世以儒術顯翊生甫七齡日誦千言十三能屬文時稱奇童元豐中進太學較藝輒高等元祐間人士競工詞章翊堅守經術卒以兩經中第主蘄縣簿吏以其初筮

少之翊稍露鋩鍔吏更畏服不敢欺徙知靈壽值大旱翊開河渠溉田數千頃傍渠之田不雨而稔常平吏盜倉粟翊發其奸以能例得遷秩乃歎曰置人於重辟而已受賞可乎乃改從自首律後屢典州郡曹所至皆有聲同時陸佃輩咸推服焉

姚勔字輝中山陰人舉進士歷永康令元祐中召爲左正言奏御史中丞趙君錫雷同俯仰無所建明累遷寶文閣待制國子祭酒知明州紹聖初言者論其阿附呂大防范仁純謫知信州再貶水部員外郎分

司南京卒詗以孝行著毎省先墓素衣步出城門且行且涕至墓尤哀惻見者爲之感動祀鄉賢

朱戩諸暨人元符中知青田縣子常復知是縣興建學校崇奬儒學父子繼美邑人稱之

石公弼字國佐新昌人幼警敏勤學弱冠舉進士一時宿儒皆就質所疑公弼應之如響聞者歎服爲漣水丞供奉高公備綱舟行淮以溺告公弼曰數日無風安有是使尉核其所載失百萬呼舟人物色之得公備詭匿狀卽收捕窮治皆服罪後歷宗正寺主簿

入見言朝廷比日直詞罕聞頌聲交作願遏諛佞通諫諍徽宗嘉納焉擢監察御史進殿中侍御史時三舍法行士子計等第頗事告訐公弼言學校要以仁義漸摩而後人有士行不可使相告成風遷侍御史言蘇杭造作局擾民請稍革技巧罷進奉從之蔡京嘗薦公弼公弼直諒不阿及京當國益專恣公弼劾京罪惡章數十上京罷相猶提舉修實錄公弼因星變復言之竟出京杭州進公弼兵部尚書兼侍讀尋以樞密直學士知揚州改襄州京再相謫公弼秀州

團練副使台州安置尋赦歸召爲右丞封文安縣開國侯卒贈金紫光祿大夫祀鄉賢

石公揆字道佐公弼從弟也幼有至性親歿廬墓三年人稱其孝舉進士歷殿中侍御史高宗朝極論樞密使秦檜之奸章十餘上檜再相下公揆於建昌獄久不得釋以罪廢錮而歿　公揆子書問字叔訪當公揆下獄時書問年十四奉其母李屛居苦學及檜死乃抱諫草扣閽詔復公揆官併官書問歷知鄞縣治爲浙東諸邑最召拜司封郎書問居官盡心職業

其論兩淮榷場互市營田官莊之弊皆切於時居家歲以三百斛給宗族之貧者義行尤著云　晝問子

宗昭字應之登進士歷長洲丞時相趙汝愚薦之召試館職除秘書正字直文華閣平生好學朱熹嘗與論學人推其賢公撰祀鄉賢

姚舜明字廷輝嵊人舉進士爲河東經畧安撫使宣和二年睦寇連陷杭處等六州舜明知婺州方之任城已被圍遂招集士卒突圍入城引兵出戰賊衆奔潰時賊將洪載據處州復計降其衆四十餘萬欽宗

郎位遷監察御史僞楚之變舜明挺節不汚高宗時除知江州劇賊李成擁衆至城下接戰又平之人謂舜明藐然孤壘制賊横潰使不轉入東南其功居多累階中大夫文安縣開國男贈太師所著有詩文十卷奏章三卷補楚辭一卷子宏寬憲寬在儒林傳

宏字令聲少有才名吕頤浩薦爲刪定官調江山令適歲旱有巡檢自言能以法致雷雨試之果驗民告妖術秦檜以私憾下大理竟死獄中　憲字令則以父任歷知秀州豪民錢安國匿亡命爲姦盜州縣莫

敢詰憲至捕其首惡及餘黨悉置于法境内帖然又自提點刑獄知平江府羣盜毛昺等出没海道憲設方畧悉擒之除兩浙轉運判官進叅知政事後以端明殿學士知江陵府毋得盜不妄殺人推長者祀鄉賢

舊志張元忭云姚氏父子昔志皆云嵊人而諸暨志乃云暨人且言墳墓子姓具在當必不誣然以兩邑鄉賢祠考之嵊及暨並祀舜明而寛及憲則但祀於嵊自宋迄今秩祀已久豈舜明初居暨而二子遷於嵊耶若如暨志以爲自嵊而遷暨則暨之祀不應遺二子矣嗟乎人之情莫不羨賢而羞佞如其賢也即不必生于其地而爭欲藉之以爲榮若秦檜史彌遠即其子孫且不願以爲祖士大夫立身可不愼所趨哉

李光字泰定上虞人崇寧中進士知常熟朱勔方以花石得幸勢焰薰灼光不爲屈械繫其僕勔怒監司爲移光知吳江以避之光挺挺自若勔亦不能害也宣和五年遷司封郎因進對極論時事語及用事大臣黜知陽朔遷符寶郎欽宗卽位擢右司諫首論宦官譚稹梁方平喪師辱國梁師成締交蔡京王黼表裏蒙蔽罪皆當誅遷侍御史時尚主王安石之學詔榜廟堂光言安石欲廢祖宗法度則謂人主當置法而不當制於法欲盡逐元老則謂人主當化俗而不

當化於俗蔡京兄弟祖述其說五十年間毒流四海
今又風示中外鼓惑民聽豈朝廷之福彗出寅民間
議者謂外國滅亡之證光奏春秋書災異以戒人君
不聞歸之徼外語尤激切耿南仲排之謫監汀州酒
稅建炎三年高宗移蹕建康以宣爲藩屏除知宣州
光到郡繕城池聚兵糧籍諸縣之鄉兵謂之義社南
陵水軍叛光遣奇兵啣枚夜擊之賊潰十一月金人
奪馬家渡南牧郡縣皆不能支光獨力修守備金人
不敢入境四年巨盜戚方破寧國傳城下光設牙帳

于南壁躬撫士卒賊分兵百道來攻光隨宜應之凡
被圍二十八日援兵至解去除徽猷閣待制知臨安
府入爲吏部侍郎上疏乞車駕親征漸圖興復進吏
部尚書大將韓世清本苗傅黨久駐宣城擁兵抗朝
命光請先其未發除之授淮西招撫使親授密旨遂
假道擒世清以歸除端明殿學士知建康府大臣爲
都督有所施設光不以爲是大臣方怙權不聽光上
疏辨論且請去徙知湖州歷知洪州兼制置大使以
吏部尚書召遂除參知政事時秦檜初定和議將捐

榜故引光以爲重同郡楊煒上光書責以附時相取尊官墮金人姦計虧平時大節光本意謂但可因和爲自治計既而檜議撤淮南守備奪諸將兵權光極言和不可恃備不可撤檜惡之檜以親黨鄭億年爲資政殿學士光於榻前面折之又與檜語難上前因曰觀檜之意是欲壅蔽陛下耳目盜弄國權懷姦誤國不可不察檜大怒明日光丐去章九上乃除資政殿學士知紹興府改提舉臨安洞霄宮万俟卨論其怨望安置藤州越四年移瓊州居瓊八年呂愿中又

告光與胡銓詩賦相倡和爲譏訕改移昌化軍檜死始以南郊赦恩復官聽自便行至蘄州卒年八十三追復資政殿學士謚莊簡初光過宋都從劉安世講學得其精微故於死生禍福之際無所屈撓及再涉瘴海處之怡然日講周易一卦因著易傳十卷行於世子孟傳孟堅孟珍孟傳皆知名士孟傳字文約紹興五年進士第三人從父卒于瓊　孟堅字文通以學行舉知無錫又知秀州坐父累謫嶺南會有告其家有私史孟堅竟竄陜州檜死復官知無錫孝宗召

赴行在入見問其家世又以治行褒之遷淮東提舉卒　孟珍字文潛善行草嘗擢守江陰及沿海制置司叅議皆不赴　孟傳字文授以父恩歷官太守丞相韓侂胄連逐留正趙汝愚因使其私人倡言將論朱熹孟傳奮然曰如此則士大夫爭之鼎鑊且不避侂胄慚而止出知江州歷福建提舉常平詔入對首論用人宜先氣節後才能益招徠忠讜以扶正論侂胄誅丞相史彌遠其親故也人謂進用其時矣卒歸使節角巾還第進直寶謨閣致仕卒常誡子孫曰安

身莫若無競修已莫若自保守道則禍至求祿則辱來有磐溪集宏詞類稾左氏說讀史雜志等書光祀鄉賢

舊志云按莊簡通才亮節卓然終始藉令與張韓劉岳輩僇力中原則興復可期而卒爲檜賊所排斥逐以死千古之恨豈有窮哉楊煒之書未爲深知莊簡然莊簡卒不屈不移完其令名則亢諒之友要不爲無助也煒嘗爲黄巖令有諷時相語謫萬安軍一統志載瓊州流寓煒亦佳士也哉

傅墨卿字國華山陰人以大父恩補太廟齋郎歷翰林學士宣和中以禮部尚書持節册立高麗王楷有功還賜同進士出身進龍圖閣學士建炎中守正奉大夫致仕墨卿凡三使高麗所過郡縣輒爲守令道

上德意以寬宥爲務罪囚及當死者多得減釋官吏有責罰編置亦貸除之高麗至今有廟祠初墨卿尉江都往來山陽深爲節孝處士徐積所知人問積所爲知墨卿者積曰方欽聖升遐楚之官吏寓客皆集服臨郡庭下惟傅尉容稱其服吾是以賢之

傅崧卿字子駿墨卿從父弟也省試第一擢甲科累遷考功員外郎方士林靈素得幸造符書自輔臣以下皆從靈素師授崧卿與曾幾獨不行被譖出爲蒲圻縣丞高宗召爲中書門下省檢正諸房公事詔問

建都孰便嵩卿言建康建國宜定基本以濟中興金師渡江上自越幸四明嵩卿殿後秉障盡死力拜浙東防遏使明年知越州上自永嘉還越嵩卿乞減供億省用度雖中旨有不便輒執奏賜可乃已後金師復大舉入犯上將親征嵩卿入對言留都管籥旁郡輔翼當及鑾輿未發亟圖之庶無後慮上稱善進給事中尋罷歸自國家多事常慷慨欲以功名自見與客言及國事輒憤詫或至流涕覽鏡見齒髮衰浩歎曰吾遂無以報國家而死乎在上前論議尤感激未

及大用而卒時人惜之所著有樵風溪堂集六十卷西掖制誥三卷其夏小正傳最行於世

虞賓餘姚人舉進士知長洲縣縣多大姓黠吏亂法亡度賓芟鉏之皆屏息自保無敢橫歲祲民無蓋藏部使者猶董宿負賓閣文移不省及去縣民勒碑頌之終翰林承旨從子仲琳仲瑶並舉進士仲琳嘗從尹焞游焞稱爲志學之士仲瑶官至侍講

陳槖字德應餘姚人以上舍擢第傅崧卿守鄉郡聘爲記室上書乞禁湖田語在湖陂記調寧州教授以

母老乞改台州工曹攝天台臨海黄巖知越州新昌並稱愷悌紹興初趙鼎李光薦槖召對除御史論事不合出爲江西運判貪殘望風解去以母老乞歸詔槖善撫事移知台州台邑故槖所攝治聞其來皆秉香燭迎之母憂百姓巷哭走行在乞留詔槖清謹不擾治狀著聞其賜錢三十萬服除召爲司勲郎中累遷權刑部侍郎時秦檜力主和議槖屢疏其不可檜以此憾槖然金果渝盟如槖言槖力丐去除徽猷閣待制知潁昌府改處州又改廣州廣自兵興以來十

年九易守百姓凋敝不可爲禀留鎮三年民蠻悅服禀屢乞身而檜亦憾之不置乃降其秩改婺州許老年六十六而卒禀博學剛介居常默坐終日人莫能窺其際宦歸無產業先世田廬盡與弟昆皆僑寓僧舍日市米給食出謁無僕從傚二卒肩輿門刺皆手持之王十朋論會稽人物稱杜祁公陳德應云祀鄉賢

梁仲敏字元功山陰人紹興初爲太府丞以周葵薦召對擢監察御史拜右諫議大夫仲敏居諫職久所論抗直無隱上或未悟必反覆開陳冀其聽納方止

金人入寇大將有潜遯者仲敏力請誅之大將坐遠斥士氣乃奮晚罷官居家尤篤風誼卒贈寶文閣學士

胡沂字周伯餘姚人宗伋子也六歲默誦五經不漏一字稍長補太學選首與陳東伏闕上書對策陳中興艱難者萬言擢甲科調秀州判官登宣州教授改衢州州將嘗與其父同官知沂貧無以養挽之攝事沂謝絶之召對除正字四遷而爲右司遭母喪服除召爲司業遷侍御史論列龍大淵曾覿市權植黨三

上章乞復諫議劉度官又列殿帥成閔罪狀直聲震中外初朝議用兵沂以爲未可已而有獻捷者沂乃白劾除直顯謨閣主管崇道觀召爲起居郎累遷給事中益敢言無諱除吏部侍郎兼尚書出知處州召爲太子詹事上方嚮意官僚而沂與王十朋陳傅良周操與焉識者謂極天下之選累遷禮部尚書連章丐歸從之兩用郊恩累封餘姚縣開國子卒謚獻簡沂學行淳篤不欺暗室對上言無所緣飾即有所啓納未嘗騰口即上有所言沂亦不泄上亦緣此謂沂

忠實喜獎舍類一時名士如汪應辰周必大龔茂良葉顒輩皆沂所推轂其待人無防畛得喪避就人所驚駭沂處之裕如所著書數十萬言奏議八卷世尤傳之子五人知名者兩人曰拱曰𢷬

拱乾道名臣早卒崇禮悲傷之乞罷官歸葬時陸學方盛行浙士皆群聚講授依歸崇禮崇禮無間晝夜寒暑著資業之不厭士多成名皆向重崇禮崇禮嘗爲兩浙轉運司幹官條無名賦請盡蠲之湖常水旱疾疫乞多責僧轉米緣門糜飲之民賴全活二子衛衍　𢷬字崇禮兄

衛舉進士累官禮部侍郎封餘姚縣開國伯衍知漢陽軍 沂祀鄉賢

王佐字宣子山陰人以南省高等廷對第一授簽書平江軍節度判官召爲秘書省校書郎時秦檜專政其子熺提舉秘書省館中率趨附之佐獨簡默嚴重未嘗妄交一語嘗語同舍謂不宜自屈熺聞不能平嗾言者論去之及檜死熺斥尋復起用歷尚書吏部員外郎檜妻王氏陳乞舊所得恩數未領者自稱冲真先生佐駁之曰妾婦安得此稱向者誤恩有司不

能執爲失職今當追正執政不能聽但寢其請後王氏死卒奪先生號淳熙中知建康府有妖人挾左道鼓衆謀不軌佐得其陰謀一日坐帳中命捕爲首者至前詰數語責短狀判斬之而流其徒於嶺外僚屬方候見於客次無一人知者見佐擲筆乃異之而妖人已誅矣佐方閱案牘治他事延見賓僚乃退無少異於常日後徙知潭州宜章民陳峒竊發甚猖獗佐檄流人馮湛權湖南路兵馬鈐轄假便宜往征之乃具奏論賊勢上是其策遂就擒詔以佐忠勞備著超

拜顯謨閣待制歷工戸二部尚書淳熙十一年奉祠卒贈銀青光禄大夫山陰縣開國男 祀鄉賢

陸游字務觀左丞佃之孫也少穎悟問學該貫喜爲詩歌工文辭淹練先朝典故名振一時張孝祥以詞翰自擅獨見游輙傾下之初以蔭補官高宗聞其名欲召用而游以口語觸秦檜故抑不進紹興末始召對褒諭再三賜進士出身孝宗即位遷樞密院編修官和議將成游以書白二府抗陳不便又代樞臣張燾言龍大淵曾覿招權植黨熒惑聖聽上詰知游所

代草怒出爲通判後爲建康王炎幹辦公事陳進取之策又知蜀帥吳挺將叛請以吳玠子拱代之以絕亂階炎不從後挺果叛人服其先識范成大帥蜀時游爲參議官以文字交不拘禮法人議其頹放因自號放翁預修光孝兩朝實錄成陞寶謨閣待制致仕卒年八十有五常以中原未復爲恨每形之詩詠老而不忘所著有劍南詩集二十卷續稿六十七卷渭南集四十五卷行於世　祀鄉賢

舊志張元忭云按渭南集有示兒詩云老去元知萬事空但悲不見九州同王師北定中原日家祭

無忘告廼翁其恢復之志垂老不忘如此亦可悲矣宋史謂其晚年爲韓侂胄作南園記見譏清議余獨謂不然夫泉石品題非有大關係也以時宰求爲一記而必峻拒之不已甚乎顧其記所云何如耳余於西湖志見此記而詳味之其以忠獻有後爲言蓋歆之以法祖也又以許閒歸耕爲公之志蓋諷之以知止也游自以爲無諛辭無侈言殆信然矣是又何足爲病哉甚矣議者之固也

王逨字致君其先本宛丘人建炎之變逨與其父偰奔餘姚時逨年十一爲金人所掠能以智自全少長又以智走還河朔慼慨自謀追理舊業教授汝潁間紹興八年南歸餘姚奏補登仕郎銓試第一復舉進士累官監察御史擢右正言論事忤執政移吏部郎

才一日力求外補除知鄂州改湖南轉運判官旋復爲吏部郎終國子司業邇自幼至老無一日去書文章法先秦詩法三百篇字畫法鍾王然世罕有傳者姪中立得其筆法有名祀鄉賢

豐誼字叔賈上虞人其先四明人清敏公稷之曾孫也建炎中父治死節維揚誼方四歲金人棄之道旁能語人以姓名太夫人購得之七歲能屬文紹興十一年有詔褒其父之忠補將仕郎監潭州南嶽廟仕至盱眙軍通判知建康軍歷知常台饒衢皆有惠政

隆興改元除戶部郎中明年除湖南轉運判官會臺臣有引年之議誼抗章請歸詔從之孝宗搜召故老壽除吏部郎中而卒誼歷官所至政事文章皆有聲于時子友俊登進士爲吏部郎中友議嚴州司戶參軍孫雲昭廣西經畧克世其家治在忠節傳

潘畤字德卿世家金華與兄甸養於叔父待制默成先生默成與李光爲道義交故光以女妻之因家上虞畤端方溫雅學問氣節爲一時冠主分宜簿遂監兩浙運司船場改提轄知興化軍以治材見稱仕終

直顯謨閣知太平州方光爲秦檜所排投棄嶺海時

毅然相其家事始終如一爲監司帥臣風釆振揚篆

隸楷法皆臻其妙子友端以進士爲太常博士友恭

爲江淮宣撫幹官 祀鄉賢

王琰字剛夫其先臨川人父椿來爲諸暨令遂家焉

琰敏悟絕人博洽墳典由分寧尉累遷知衢州所至

有聲胡銓嘗薦之有曰治經有行亞西漢之名儒悃

愊無華實東都之循吏識者以爲確論兄瑊字寶臣

知通州行業與琰齊名瑊子厚之在儒林傳 祀鄉賢

貝欽世字聖矣上虞人紹興中進士授西安尉調武康丞居官廉介太守王十朋表薦之陞知江陰浚運河數十里溉田無算而民不知勞事聞詔增秩授建康簽判以疾卒于家祀鄉賢

杜思恭字敬叔上虞人登淳熙進士歷吉州司理平反冤獄發粟賑饑民受其惠官滿解去遮留者以千計終平樂令時名士陸游周必大楊萬里並以國士期之至表薦于朝曰學貫六經文師兩漢可備著述惜未用而卒

黄度字文叔新昌人隆興初進士知嘉興入監登聞鼓院力言今日養兵爲巨患具屯田府衛議十六篇上之紹熙四年守監察御史乞分蜀帥吴曦兵柄宰相難之後曦果挾金人以叛光宗以疾不過重華宫度上書極陳父子天親之義不聽遂乞罷去因言忠臣以孝事君臣父年垂八十菽水不親事親如此何以事君冀以感悟上心又與臺諫官劾内侍陳源楊舜卿林億年三人罪浮于李輔國亟宜誅斥皆不納度遂去寧宗即位詔復爲御史改右正言將論韓侂

胄之姦侂胄假御筆除度顯謨閣知平江府尋罷歸侂胄誅寧宗思而召之除太常少卿朝論欲函侂胄首畀金人度以爲辱國不可以集英殿修撰知福州始至訟諜日千餘度隨事裁决日未中而畢進龍圖閣知建康府兼江淮制置使至則罷科糴輸送之擾活饑民百萬口除見稅二千餘萬擊劇盜卞整降之斬胡海首以獻招歸業者九萬戸遷寶謨閣直學士度以推轂人物爲巳任每曰平生無以報國惟有此耳凡十疏引年不允遷禮部尚書兼侍讀趣入覲丐

去愈力遂以煥章閣學士知隆興府歸越未幾卒度志在經世而問學不倦作詩書周禮說多闡精微之蘊著史通抑僭竊存大分别爲編年不用前史法至於天文地理井田兵法藝祖憲鑑仁皇從諫録屯田便宜歷代邊防諸書並行於世　祀鄉賢

石斗文守天民新昌人隆興初進士任天台尉遷臨安府教授與朱熹爲友丞相史浩薦其學行改樞密院編修上書論朝政言甚剴切其日朝廷辟如萬金之家必嚴大門以司出入一旦疑守者而别開便門

不知便門之私乃復滋甚一時以爲名言因目之曰石大門除知武康軍晚益嗜學不衰云

莫叔光字仲謙山陰人舉進士調永豐尉試學官中選又中博學宏詞科歷著作佐郎尋除起居舍人紹熙二年春雷雪交作詔條闕失叔光言女謁漸行近習預政皆剴切人所諱言有布衣俞古上書詔竄之叔光執奏方求言不宜輒罪言者事竟寢遷中書舍人兼權吏部侍郎外戚李孝純者數被譴責至是除閤門宣贊舍人帶御器械叔光曰賓贊扈蹕豈宜員

用譴罰之人又内侍自正使轉横行遥郡非故事皆奏罷之叔光外和而内介入西掖纔三年論駁至數十事除權吏部侍郎兼秘書監卒謚文清子子偉舉進士祀鄉賢

舊志張元忭云按宋志以叔光爲山陰人而餘姚近志亦載之今從宋志云山陰故有莫氏裔然亦微矣

莫子純字粹中初以伯父叔光恩補官銓試及試江東運司俱第一慶元二年禮部奏名復第一是歲有旨遵故事免廷策徑賜進士及第簽書平江軍節度

判官廳公事除秘書省正字歷遷中書舍人蘓師旦本平江筆吏韓侂胄任爲腹心氣燄熏炙求進者爭趨其門一日遇子純于都堂趨前執禮甚恭子純不爲禮師旦已深恨之會師旦當遷官子純又執不可侂胄怒出子純知贛州加右文殿修撰改知江州不赴又改溫州提舉太平興國宮嘉定八年卒子純性姿聰悟博聞強記立朝之節始終不渝士論歸之祀鄉賢

唐聞字識通山陰人以蔭授將仕郎爲台州郡曹治獄恕而有執不曲意阿上指稍不如法輒請去太守

劉光以是賢之聞儒術立身其爲吏務在愛民而不爲姑息初罷臨海令以母高年求丞上虞以便侍養人稱其孝云

孫應時字季和餘姚人父介師事胡宗伋躬行古道訓授閭里鄉人稱爲雪齋先生應時八歲能屬文從陸九淵悟心性之學舉進士尉黄巖朱熹爲常平使者一見即與定交任滿去士民欲置田宅留居之辭不受丘宗帥蜀辟之入幕是時吳挺蓄異謀爲朝廷患會挺有疾乃佯遣應時視之實察其軍情挺盛禮

十獻應時辭焉歸告宏曰今擬且死然其子曦必叛宜因其死遣統制權領其軍而檄總領楊輔兼利州安撫節制之別選材帥以代吳氏可防近患已而挺死宏如應時計朝議從之一方晏然改知常熟縣已代矣郡將以私憾捃摭應時負倉粟三千斛實前令積逋也士民爭擔負代償而應時卒坐此貶秩尋判邵武軍未赴而卒其後吳曦果叛伏誅公卿臺諫訟言應時問學深醇行誼修飭見微慮遠能爲國家弭患于未然請錄其後詔補其子下州文學應時兄弟

父子世相友愛建世友堂合膳同室衣冠以爲儀則事在古蹟記應時祀鄉賢

李友直字叔益餘姚人史浩初尉姚見友直文奇之妻以女浩既入相而友直在太學同舍生不知其爲丞相壻也既登第銓注蕪湖簿未赴而浩再入相孝宗問子壻孰賢浩曰李友直耳乃除勅令所删定官輪對稱旨上嘉納付其疏中書有言友直驟進乃外補通判婺州改湖州擢知臨江軍易廣德程大昌曰友直澄之不清撓之不濁淵乎似有道者矣莫叔光

謂友直如美玉無瑕可指

宋元之字伯允餘姚人少頴悟與弟元龜同受易於沙隨程逈舉進士光宗初受禪求直言元之極言官爵冗濫士風不競宰相依阿佛老蠹民武事廢弛並切中時弊召赴行在賜對請劇邑自試知弋陽寧宗卽位輔臣薦可任臺諫乃自廬州判除諸司審計擢監察御史遇事敢言無所顧忌時韓侂冑用蘇師旦爲腹心招權納賄元之抗章劾之不報因力求去竟以中旨罷歸卒于家

王夢龍字慶翔新昌人慶元三年進士授天台尉辟爲京西檢法官抵襄陽金兵大入宣撫項安世咨以征謀一時書檄咸出其手士皆感動改尚書左銓知龍游金華二縣咸有惠政歷遷大理寺丞極言今日議論不明體統不一邊備所當嚴歲幣所當絕和好不可恃攻守所當嚴言甚懇切上嘉納之擢監察御史首論婞阿苟容士風大壞宜申貪墨之禁又條上備邊備蜀各四事皆一時急務遷宗正卿以歸養辭除直秘閣知温州討平海盜境内晏如主管建康府

崇禧觀知婺州撥官田千七百畝爲助役倡民亦各以田助得田六萬有奇以備當役者用又以水旱兩奏蠲二稅民甚德之召赴行在見上論中庸致中和大槩以爲天造之運非祁寒大暑不足以成歲功豈其約二氣之中不寒不暑而得爲中節乎九官並命四罪咸服刑賞之中節也好賢如緇衣惡惡如巷伯好惡之中節也除司農卿權戶部侍郎以疾歸八年而卒時年八十三猶口占遺表署以獻特贈正奉大夫會稽縣開國伯夢龍事母以孝聞寧宗受禪推恩

不以官其子而以官其衆孫夢錫所著有西銘解諸書

祀鄉賢

王爚字仲潛新昌人嘉定中進士知常熟縣敏達有循政通判泰州知滁州改知瑞州遷籍田令所至咸有風譽歷遷太府卿權兵部侍郎疏請大臣相與憂危圖治以右文殿修撰提舉太平興國宫召赴行在授集英殿修撰兼太子左庶子極言正論太子聽而說之上聞甚喜遷禮部尚書進左丞相授特進加食邑爚奏臣本志誓死報國願假臣宣撫招討之職臣

當招募忠義共圖興復乃授爚觀文殿大學士浙西江東路宣撫招討大使置司在京以備咨訪進少保左丞相兼樞密使尋加都督諸路軍馬累辭不許極言賈似道誤國喪師之罪於是有詔切責似道斥之國是始明尋進平章軍國重事時命張世傑等四道進師陳宜中留夢炎二相都督軍馬爚請二相建閫吳門以護諸將不然臣請效死封疆不敢辭宜中夢炎乃上疏乞行事下公卿議竟不決已而世傑等兵果敗爚自以不得其職乞罷免乃罷爚平章奉祠爚

淸修剛勁不阿權倖以元老入相値國勢艱危天下屬望乃與宜中不協而去不逾年而卒宋亦隨亡矣天下莫不惋歎云　弟華甫字君實登進士知黃巖再知台州搏擊豪貴聲稱籍甚除浙西提刑奏劾郡守朱斗山等皆戚里内降欲回護之華甫堅持必得請乃已爚祀鄉賢

呂秉南字景陽新昌人紹定中進士尉崇安調寧國法曹獄無寃滯校勘涇邑版籍别疆理淸賦稅公私便之改吉州法曹數治疑獄有聲郡有劇盜數月掩

捕殆盡後爲淮南東路檢法官考舉合格改都昌令盜攻陷州郡秉南據湖死守邑賴以完政成入預輪對以正君心明道術爲急務語極剴切遷大理寺丞無何拜司農卿時政歸權臣每除吏必市恩意秉南屢遷無私謝由是以其傲坐免即日渡江歸明年主祠仙都觀所著有南明稿十二卷

劉漢弼字正甫上虞人嘉定中進士用薦入館時理宗欲勉戚里以學詔皇親宅置講官漢弼首被選慨然歎曰三館清流出入貴戚之門豈惟辱身且辱官

力辭不就說書崇政殿默寓規諫爲上所簡注拜監察御史宰相史嵩之引拔私人布列要途葉賁濮斗南皆其腹心漢弼劾之不少貸疏留中不出乃抗章避位東歸嵩之專恣日甚上亦患苦之曰漢弼正色不撓是可屬任者以太常少卿召之臺諫劉晋之等揣上意將有易置亟請寢漢弼新命上怒逐四人擢漢弼左司諫兼侍讀復除侍御史首疏五事且謂權臣以父憂去謀爲起復一時臺諫既不能發一言反忌言者時執政金淵從官鄭起潛濮斗南而下八人

蠹害朝政悉擊去之又論馬光祖奪情總餉實嵩之預爲引例之地乞勒令追服終喪以扶名教又密奏二疏乞令宰臣終喪早定相位至引漢王氏晉賈充爲喻言甚剴切上將大用之竟以戶部侍郎卒于位勑紹興府給喪事賜土田贍其家謚忠公表所居坊曰忠諫 祀鄉賢

劉漢傳字習甫漢弼之弟少孤力學弱冠貢於鄉以祿弗逮親絕意仕進沉潛伊洛之旨往見雲源何先生得建安二蔡易洪範之學先生授以奧旨且勉之

任年四十六始舉進士主黄梅簿三仕至監都進奏院陛對條列廣聖學闢異端伸直氣恤民隱四事又遷司農丞守南康知吉州皆有善政及兼江西提舉時大江失險金兵逼郡境人心震揺漢傳嚴設警備簡精鋭遮要害民頼以安制書嘉奬除直寶謨閣尋知處州累遷兩浙運使吏部郎官典尚書右銓進司農卿皆力辭自是閑居十一載篤學守道嘗著止善集通鑑會評洪範與旨若干卷臨終索筆書生爲朱民死爲朱鬼樂哉斯丘兆足行矣之句遺二子遂瞑

年七十六　弟漢儀仕不顯而學行儼然爲時所稱

並祀

鄉賢

張孝伯本歷陽人父寺丞來寓蕭山因家焉登進士仕至華文閣待制知隆興府又知鎮江府召同知樞密院事嘉泰四年進參知政事尋罷歸時韓侂胄方嚴僞學之禁貶斥正人無虛日孝伯謂侂胄曰不弛黨禁恐後不免報復之禍侂胄然之自是黨禁寖解正人始有所容　子卽之字溫夫以父恩授承務郎官至司農丞致仕歸翰墨之妙著聞天下生平志行

尤卓然云

楊瑾字廷潤餘姚人父睎正篤厚君子刻意教瑾及瑾弟瑆皆擢第瑾初試餘干尉移監華亭稅從嘉興守趙憲王抄撩田圍詭慝畢露遂攝華亭能其縣民積逋及胥吏白納錢酒稅無藝之征吏民請于朝願以爲令從之於是修經界立義役遷廟縣前令所不能辦者皆次第舉行之華亭人謂自有邑以來未之見也遷判平江送者填道終大理卿直寶謨閣學問操履文章政事當世推之

毛遇順字鴻甫餘姚人舉進士召對便殿超拜侍御史首論史嵩之不當起復以壞典常三學諸生皆朝廷元氣不宜斥逐以自耗削前後疏凡數十上皆時所諱言者理宗書其名於御屏寶祐初進兩淮制置使又嘗論賈似道丁大全必誤國乞卽罷斥不報元大弟忽必烈聞之嘆曰安得南朝直臣毛遇順者乎遇順官終大理卿

方山京字子高其先慈谿人父達材來贅餘姚因以爲家達材以明經教授鄉邑晚登甲科官臨安軍教

授山京幼孤旅泊外家困窮力學言行修謹景定三年舉進士第一人或病其制策過簡勉令益數語山京正色曰既徹上覽矣吾誰欺除簽書平江軍節度判官五年秋衡文天府適彗見山京舉以策士極言内帑之私公田之擾及指摘内庭鈌失同事縮頸齰舌請楷諱忌山京披襟當之遂被劾罷歸貧甚無以爲居食親故爲築室繼廩山京處之泰然無悶也度宗登極詔以前官起山京移建康軍不行尋除秘書省正字乞宮祠進校書郎差主僊都觀得疾遂不起

朝野皆惋惜之

孫子秀字元實餘姚人以進士主吳縣簿有稱水仙太保爲妖者子秀毀其像沉其人於太湖淮東總領檄子秀督宜興縣圍田租還白水災總領恚曰此軍餉所關乃敢爾子秀堅持之是年卒免税令金壇四年縣中大治通判慶元府主管浙東鹽事奏蠲五釐鹽之困民者衢州寇作擇子秀往守賊悉就擒奏蠲秋苗萬五千石又奏改廢寺爲孔氏家廟于衢如闕里制歷遷金部郎左司兼右司時丁大全攻去丞相

董槐諫代之三學諸生伏闕上書十上不得聞子秀
促二府就檢院取書徑徹楊前大全怒逐之尋起爲
浙西提舉改提刑兼知常州並著異蹟改知婺州婺
勢家多匿田隱稅子秀操之急勢家嗾言者劾罷之
尋遷浙西提刑犴獄爲清進太常少卿知臨安府以
言罷復知婺州卒子秀性沉毅遇事慷慨敢爲抵掌
劇談神采飛動與人交久而益親死生患難營救不
遺餘力聞一善輒手記之喜獎拔後進有古人之風
祀鄉
賢

孫炳炎字起晦子秀從子也初以進士爲福州教授歷湖南路帥幹官改淮東餉幕皆盡職入爲宗正丞權吏部郎出知饒州按視虧運米二十萬石請得分限補償乞免專官專吏之擾其新米則按月轉輸詔從之贛寇出没二廣爲患炳炎不折一矢解散之廣帥劉應龍舉以自代會江上師潰嘆曰此國家危急存亡之秋遂勒所部將校進屯豐城以捍寇尋以言罷歸遂不復起炳炎爲人光明雋偉愷悌靖恭其爲宗正丞時輪對諸劄子言天下大計切劘君德整齊

紀綱凛凛無所忌諱朝野傳頌之

孫嶸叟字仁則餘姚人向容令林之子第進士復中博學宏詞科擢監察御史論賈似道罪重法輕當斬之以示國法德祐初元兵渡江文天祥起義兵左相王爚趣天祥入衛而右相陳宜中與爚不相能以故深結留夢炎而黨黃萬石奏使入衛沮毀天祥天祥列勤王及留屯利害皆尚忌夢炎莫敢關白嶸叟取所列徑造御前奏之於是復有旨趣天祥入衛仍乞倚任天祥寘宜中夢炎及黃萬石呂師孟以作忠義

之氣時朝議方倚重師孟求外于元不報嶫叟居官竭忠盡智排斥奸回不爲身計精于易道所注有讀易管見諸書官至禮部侍郎兼太子賓客卒謚忠敏

趙彦㦤字元道餘姚人宋宗室也從慈湖楊簡授心性之學精思力行德㮣醇厚初受世賞入官後以甲科累官吏部尚書兼給事中以文華閣直學士知平江府卒有文集若干卷傳世

宋全字全之餘姚人端平嘉熙間兩貢於鄉薦試詞學擢第授臨安府教授淳祐初進太學博士旋試秘

書省校書郎嘗輪對便殿因言近日寄院所任皆褒
憸庸鄙小人植黨自封不圖國計乞賜罷黜以清政
府言甚剴切天子爲罷右丞相一人是夏全乞外補
丞相以宿憾乃出全監婺州酒稅到婺未幾引疾歸
事毋以孝聞所著有秘錄集十二卷經傳考疑八卷
徐天祐字受之山陰人以父相恩爲將仕郎銓試詞
賦第一尉歸安時年尚少郎以吏事稱嘗出郊吏具
供帳甚飾天祐詰所出吏以例對天祐曰費出於官
則犯法於民則重擾例安可用盡却之貴人居邑者

將囑事出謁人曰吾見尉自不敢有所請中進士第爲大州教授日與諸生講經義聽者感發德祐二年以國庫書監召不赴退歸城南杜門讀書四方學者至越必進謁天祐高冠大帶議論卓卓見者以爲儀刑

施德懋會稽人端平閒進士知建平以操幹聞值歲饑多方賑救全活甚衆縣故有學士以無養失業德懋奏置田五百畝招徠俊秀躬教飭之士類聿興秩滿遷審計司

許梟字養浩，嵊人，元度之後。景定初進士，教授金陵，累官太學國子錄。時丁大全用事，諸附麗者皆通顯，有沈翥者爲之腹心，藉勢輒禍善類。太學六館士以上書獲罪，徙他州。時劉黼寓越，在遣中，梟往見之，義形于色，作書切責翥。翥怒，將並置于法，人危之。梟曰：「吾以此得罪，夫復何憾。」特論壯之。後宋亡，避居東陽，遂卒而葬焉。祀鄉賢

〔元〕王艮字止善，諸暨人。以鄉貢士補淮東憲史。未幾，例革南士，授廬州錄事判官，以廉能稱。浙江行省辟

爲掾史會朝廷復立諸市舶司艮從省官至泉州建
言若買舊有之舡以付舶商則費省而工易集且可
絕官吏侵欺棓克之弊中書省如艮言凡爲舡六艘
省官錢五十餘萬緡歷建德縣尹除兩浙都轉運司
經歷紹興路總管王克敬以計口食鹽不便嘗言於
行省未報而克敬爲轉運使集議欲稍損其額以蘇
民困沮之者以爲有成籍不可改艮毅然曰民實寡
而強多賦之今死徙已衆矣重改民籍而輕棄民命
可乎且浙右之郡商賈輻輳未嘗以口計包移其所

賦散於商旅之所聚甚便於是議歲減紹興食鹽五千六佰引至以去就爭之而議始定遷海道漕運府經歷紹興之官糧入海運者十萬石城距海十八里歲令有司拘民船以備短送吏胥得並緣爲奸及至海次主運者又不即受有折缺之患艮執言曰運戶既有官直何復爲是紛紛也乃責運戶自運入船運船爲風所敗者當覈實除其數移文往返連數歲不絕艮取吏牘披閱之立豁其糧五萬二千有奇遷江南行省檢校官有詣中書訴松江富民包隱田土爲

糧一百七十餘萬石沙蕩爲鈔五百餘萬緡宜立官府科察收追之中書移行省議遣官驗視艮至松江條列纖悉以破其誑妄且言訴者不過歆竦上聽而報其私怨且冀創立衙門爲傚名爵計爾萬一民心動揺患生不測非國家之福事竟得寢除江西行省左右司員外郎安福小吏誣民欺隱詭寄田租九千餘石初止八家前後數十年株連至千家艮到官首言是州之糧比元經理已增一千一百餘石豈復有欺隱詭寄者乎行省用艮言悉蠲之歲餘謝事歸卒

年七十一艮平生慷慨有大志慕范文正公之爲人元士論南人之賢必以艮爲巨擘云祀鄉賢

楊實字國華諸暨人明經且通武畧補州弟子員累舉進士不第遂棄去築室桐岡博綜群籍攻苦食淡不靧櫛者十餘年延祐間以耆儒徵乃起歷知吉州軍事適寇犯境勢張甚實募驍勇數百人躬爲先鋒奮擊悉平之以功擢淮南東路檢法尋陞都奏進院檢試南宮號稱得人遷大理寺丞

胡宗道嵊人宋尚書璟之後任江西貴溪縣勾稽簿

當閩越之衝綜理煩劇愛民如子解任歸士民傷之

# 紹興府志卷之四十五

## 人物志八

### 鄉賢之二　列傳後

明梁貞字叔亨新昌人舉元鄉試授太平路教授端慤寡言深沉有識明太祖克太平貞率諸儒迎拜請戢軍士安生靈復以三王之得天下者爲言上深然之留掌圖書與李善長同侍帷幄參密議時未取金陵謀諸貞貞力贊之命都事江南行省遷湖廣按察僉事兩浙轉運使未幾拜太子賓客日侍大本堂多

所啓沃戊申以本官兼國子祭酒國子諸科條皆貞所規畫也事載南雍志嘗輯古詩三百篇進覽上以賓之初筵命丞相直解喜悅感嘆命繕寫數十本頒賜大臣俾朝夕警省後以老乞歸築墅鰲峯之下日與里中宿儒相賡唱有古大臣之風

劉性傳字士原嵊人元季兵起散家財聚兵以捍鄉邑號義兵萬戶及明太祖駐金華乃率衆歸附陳匡國安民之策數千言稱旨擢中書門下侍郎固辭改陝西肇昌知府地近北民物凋弊性傳撫輯軍民恩

威益著邊境以寧

胡惟彦字斯美餘姚人居鄉以耆德見推元季隱居避世明時舉遺逸趣見太祖上太平頌因覽而悅之命賦早朝詩十章立就拜湖廣參政懇辭改兖州知府在郡一年政平訟理百姓皆愛戴焉卒於官子伯順學篤行修鄉黨稱爲雲巢先生

顧觀蕭山人自童時即一覽不忘善屬文年十六適洪武開科之始遂以書領鄉薦第一明年成進士太祖甚愛之日侍左右遇有咨訪呼曰小翰林太祖嘗

訪天下利病對曰法徒罪以上悉廷審臣民皆苦其煩請自死罪外悉從外省徑決允之遂爲一代定制尋擢大理評事每審獄必令唱名卒于官年才二十有四魏文靖驥嘗從之學惜其無嗣爲設主祀之終其身　祀鄉賢

韓宜可字伯時山陰人忠獻公琦之後幼好學精敏淹博磊落有大志洪武初以貢授山陰文學歷西臺御史自以受知遇言事蹇諤無所避貴倖側目焉出爲陝西按察僉事坐累免爲庶人尋起授山西布政

使久之再戍滇陽未幾復起爲雲南參政遷右副都御史宜可雖以文學名然明習法令歷憲臺多所平反世稱老吏云祀鄉賢

葉砥字履道蕭山人少有學行洪武初舉進士除定襄縣丞八年坐累謫涼州日杜門力學處之裕如建文元年詔求賢羣臣交薦砥史才召爲翰林編修後又有言砥宜任風憲者改廣西按察僉事用法平吏民畏愛永樂初坐修史書靖難事多微詞被逮籍其家惟薄田敝廬圖書數篋事白仍與史職尋改考功

郎中時尚書蹇義任以藻鑑人才仁宗出東宮以碩爲侍講職無弗舉久之引年求去不許復乞郡出守饒饒有磁窰銅冶而丁調復等他郡砥言於當路減四之一諸所利病悉爲興革刑清訟息日賦詩自適年八十卒于官士民巷哭罷市著書數十卷孫晃舉進士官副都御史所至有聲祀鄉賢

嚴震上虞人洪武乙丑進士任監察御史官至刑部尚書以才敏著稱見戴志

趙淵字澤民會稽人洪武初領薦授陽穀令遷山西

按察使繩贜吏興學校卓有時譽及解官歸結茅先
壠之側簞瓢誦讀無異布衣鄉人賢之
宣温字彦温會稽人少頴悟好學襟度怡曠家貧處
之裕如洪武中被召條對甚悉及問漢高祖殺功臣
光武全功臣優劣何如温對曰高祖殺功臣功臣自
殺光武全功臣功臣自全上悦其言授四川左叅政
居官有惠政蜀人祠祀之
錢古訓字古訓餘姚人洪武甲戌進士調行人是時
滇南緬甸與麓川相構緬主使使來貢而訴思倫發

於是舉古訓持勑往諭至則宣朝廷威德釋二國之忿罷其兵麓川酋長刀于孟者謀攻其主古訓曰吾以天子使將事邊徼乃弗能靖小醜何以報命天子乎馳入其部責以大義皆稽顙凜凜無敢復逞者思命發以古訓能休爭已亂薦方物願留爲援古訓卻不受作書示以不可思命發得書駭汗遂歸古訓於是古訓敘次徼外山川風物爲書還奏之稱旨付史館賜襲衣後知漳郡以文章飾吏事表著忠孝激勵風俗甚著聲稱尋陞湖廣叅議名績愈茂祀鄉賢

周觀政山陰人洪武中以薦教授九江擢監察御史嘗監奉天門有中使將女樂入觀政止之中使曰有命觀政曰有命亦不可中使怒而入頃之出報曰可使之出觀政亦不從曰必面奉詔已而上謂觀政曰內間慶賀侑食之樂廢缺欲令內人肄習吾已悔之御史言是永樂初出爲江西按察僉事建言九事曰遵定制厚親親嚴邊備嚴邊情謹刑獄通下情慎朝儀惜人才明毀譽皆見嘉納時安南初下觀政又言四事曰修明政教愼簡征科革正衣冠作新學校疏

人郎賜施行官至觀察使卒

劉季篪名韶以字行餘姚人洪武中進士授行人使朝鮮得體賜之襲衣鏹寶擢陝西左叅政陝不產礪砂然歲課之民有以此破家者季篪爲奏罷之召爲刑部侍郎以仁厚求生爲本會纂修永樂大典少師姚廣孝尚書鄭賜總其事而擇卿佐有文學行誼者一人副之季篪被選功多於討論坐註誤左遷兩淮運副未行改工部主事季篪爲人清素位都顯要泊然自持至貶秩無幾微見顏色居家敦孝讓御人雍

參治經長於春秋喜吟咏冲澹優柔又精於律學法家宗之祀鄉賢

姚友直蕭山人洪武中進士授中書舍人改翰林侍書永樂初靳獻王滕王皆以皇孫年少未之國上以爲輔導宜用正人拜司經局洗馬進左春坊左庶子授二王經匡扶以禮不激不阿兩府皆敬重之仁宗即位滕王始建國雲南上欲使終相王遂以爲其國布政司右叅政領滕府長史事宣宗即位將郊祀召爲太常卿歷事四朝剛介廉慎沐恩寵最優方期大

用以疾卒於京　祀鄉賢

劉子華字昭甫山陰人按劉氏家譜名昭父行華二今仍舊志洪武初以明經薦召賦常遇春挽詩子華立賦曰揮戈十載定河山忽報星沉易水灣馬首西風旌旆捲天涯落日凱歌還功成楚漢典亡際名在韓彭伯仲間聖主思功心獨苦黃金直欲鑄眞顔大稱旨授大典同知子鍔廷對第三人官編修卒從孫棟字元隆正德初進士選吉士授編修嘉靖初議大禮忤旨廷杖稍遷左中允復忤執政出參湖省終南兵侍郎歷官四十

年所居蕭然如隱者孝友和易無少長皆樂親之棟祀

鄉賢

朱仲安蕭山人中洪武庚午鄉試授河南華縣學訓導因言事遷武進縣簿以善政聞太祖遣行人齎幣旌之有正己帥物廉能愛民之語進知縣永樂初拜監察御史扈駕北征有功遷湖廣按察副使改交阯坐遣謫山東御史奉敕考察會都御史缺嘗署院事尋趨按貴州河南居官廉重臨事必存大體聲稱籍甚以學行見知仁宗一日顧侍臣曰朱仲安御史中

翹楚朕甚重之錫勅命賜寶楮爲道里費使歸焚黃宣德初遷河南按察使入覲課爲十三道風紀之最進通議大夫卒于官祀鄉賢

張經字孔升蕭山人洪武中以明經舉累官國子助教靖難師入城棄官歸時事出倉卒夜半縋城而下幅巾野服絕口不言時事人亦鮮知其心者博學多才爲一時儒宗同邑魏文靖殷曾二御史姚太卿諸曁王編修皆其門人也晚年以棋隱更號橘樂年八十餘而終有詩文稿若干卷

高復亨字本中山陰人洪武中詔爲總戎掌書記改知河間獻縣招集流亡百姓咸歌思之坐累謫鍾離承幾復起知諸城諸城故瘠地瘠人廢學久復亨始至樹學延儒教化大行時比之文翁治蜀云

居任嵊人家貧力學善詩文兼精篆隸洪武間任蕭縣訓導遷河南武陵知縣在任九年一毫不苟取有獻瓜菜者曰此苞苴之漸也遂却之永樂中遷刑部主事卒于官舁櫬歸塟惟篋書束帛而已

車誠字信夫餘姚人洪武初舉賢良方正知潁上縣

奉職廉謹以誠信治民政化大行尋以最遷知光州益著聲績

錢仁傑字伯英餘姚人通經術寡言自得召拜上元令是時干戈甫定伯英爲縣能以敦俗興化爲急有絃誦之聲上賜之袍笏

胡季本字秉誠餘姚人起家太學生授建昌府經歷權知清江有惠愛改新淦清江之民與新淦爭乃其命已下卒知新淦新淦號多事喜訟季本爲之才一年縣庭清肅時出郊問民所疾苦相慰勞如家人父

子卒于官百姓廟像祀之

王旭字漢章餘姚人强學力行隱居教授學者多從之游洪武中以茂才徵拜英山知縣縣舊多虎患旭至禱于神虎輒避去在官興學勸農吏民親愛如父母焉

朱孟常字守恒餘姚人洪武中鄉貢任南平令亮名有體要縣逋漁課久不能償孟常奏蠲之江西民兵採木過南平饑餓瀕死孟常出粟以賑所全活甚衆時遣中官刻期督木至南平期迫而木未集榜笞苛

急衆駭亂孟常力爲安撫夜有神見於夢謂中官曰若第去朱令在何患事不濟中官覺而疑之悉以付孟常孟常從容處之事濟而民不擾

王珩字叔珩會稽人少力學有志事功洪武中陳時務十策有裨治道授鹽城令興革利弊民甚德之永樂初遷刑部主事不就歸

黃薺字元輔諸暨人性簡重工文詞居鄉持重洪武初徵爲翰林院典籍遷御史以老出知杞縣道民興學政事雅茂壽告歸隣嘗編次縣志後多本之云祀鄉

錢遜字謙伯山陰人性至孝母卒廬墓洪武中薦授寧夏水利提舉吏目修河防實邊餉旣還大將何福奏遜參侍有功拜孟津知縣奮盡心民事改知弋陽坐累謫戍復以薦對策稱旨授文昌主簿文昌居海島其俗悍戾遜宣布德意化行嶺海間遜狀貌魁梧言行詳定平險一節雖歷危變卒能以功名終素工詩有遜齋集二十卷

王孟暉諸暨人初知泗州奉公約己教民耕作飭勉

諸生覩其雅懋者傾身禮之㝡聞擢知鞏昌坐謗謫瓊州府同知縉紳投荒裔者多跂足待滿而已暉獨盡心修職所行無一事不中人情又喜廉察有風岸瓊人至今稱之

方自新諸暨人洪武末以孝行舉授齊安驛丞擢石首令在邑以寬化民有愬告進而見女語之民至牽令裾相爾汝勿加咄叱會民負逋上官督責旁午掠無完膚自新憫之召耆老富民諷諭之乃先出俸爲士民倡竟得米萬餘石爲民代輸餘九百石儲爲義

廩自是饑荒有賑流徙復歸者三百戶石首仍陋俗不知喪禮自新爲陳孝感之義戒以法制民乃遵用其教洪武三十年遣使覈海内徵需實數郡縣册籍謬輒得罪石首舊牘無稽自新亦就逮父老相率走京師請貸不報竟隸作所明年廷臣言石首有異政所坐甚輕遂宥之超拜鄖陽守郡遭旱蝗逋租十餘萬石民至死無以償乃上章乞入楮幣代租上從之上津竹山二縣土瘠而民貧科繇乃與壯縣齒自新爲奏減租稅之半未幾中原構兵中使四出督轉輸

括兵器閭閻騷動自新以郡當瘡瘵之餘不忍重困請自繫中使初愠而終義之凡所賦得減他郡考績北上至龍江卒勛陽人哀之如喪慈父云

呂升字升章山陰人洪武中鄉貢典教溧陽以薦擢江西僉事號有風裁永樂戊子改山西境多虎患升爲檄告神虎卽就捕以憂去後復改福建僉事按部至建寧螟害稼升仰天祝之雷雨驟作螟盡死宣德初遷大理少卿升兩爲會試同考所舉皆一時名士年七十致仕至九十二卒祀鄉賢

劉貞字天錫山陰人洪武中鄉薦主教星子望江以古道廸諸生一時多所樹立擢司經局校書尋左遷久之召爲考功主事洪熙初詔選文學老成輔親藩之國貞拜淮府長史未幾致政還貞持身淸愼始終不渝爲文典雅有時名有劉考功集若干卷

馮本淸餘姚人洪武中鄉貢授監察御史遇事敢言不避權貴永樂癸未出按蘇松諸郡振肅風紀有豪猾武斷爲盜主本淸擧其罪籍其家廣東守備王栺揮以失機罪應死自陳有殺賊功例當免死法家以

王富避嫌經歲不決本清謂避嫌以殺人法與情并失之矣列狀上請王得減死削階辛卯遷福建按察僉事分巡漳泉訟牒填委決遣期月而盡漳例納番貨歲計百萬民以地無所出有鬻子女破家產償官者本清特爲裁免興化民盜蘇木事連坐應死者三百人本清止戮首犯餘釋不問建寧大水民多溺死本清率屬集公私三百餘艘爲浮梁賴以全活者不可數計改任江西卒于官曾孫闌舉進士累官江西提學副使

魏驥字仲房蕭山人父希哲洪武中薦知上高鋤強扶弱德威並著驥生而樸茂永樂三年中乙榜授松江訓導召修永樂大典遷太常博士甲辰從征凡軍國大事悉與聞歷太常少卿正統初進吏部侍郎畿甸蝗奉命往視悉殄之時中官王振怙寵而驕舁出公卿無不斂避驥遇之不顧振啣之譖於上上以問驥驥慷慨曰臣備位六卿臣不足惜如朝廷何上溫旨慰之尋以老辭調南京吏部九載入見乞致仕不許進尚書己巳之變條陳征北之策多見施行景泰

初四乞骸骨始得歸時年七十有三矣家居二十餘年布袍素食不別治生唯率鄉人計修湘湖以防水患成化七年年九十有八上遣使存問賜以羊酒粟帛未及拜命而卒先是有大星隕其隣王文政庭中族既葬忽就枕口占云平生不作欺心事一點靈光直上行儵然而逝其子完以遺命辭免營塋詔從之賜謚文靖驥爲人端慎簡默清苦自勵頗好別白君子小人品量之下人輒信以爲然同列後進有過必面折之不恤怨誹當鄉舉時聞父病不俟撤棘而回

事其兄教諭騏老而彌恭在學校嚴師道與諸生冠衣相對不問寒暑蒞官所至崇正抑邪務持大體山川壇獲白兔圻內升瑞麥皆卻弗奏在南都時法司因旱恤刑有巨惡王綱者呼寃或以其年少欲緩之騏曰此婦人之仁天道不時正爲此耳獄遂決翌日而雨所著有南齋集松江志水利切要理學正義諸書　祀鄉賢

舊志云按文靖先世墳墓在錢塘積慶山之原蓋自錢塘徙蕭山也故杭郡志亦載之云

章敞字尚文會稽人永樂甲申進士是年初選庶吉

士讀書中秘敬與與餘姚柴廣敬與焉預修永樂大典四書五經性理大全諸書後居刑曹屢辯冤獄人服其明累遷禮部侍郎兩奉詔往安南諭黎利父子得使臣之體轉左侍郎每有獻替多所裨益時晉府以護衛官軍田廬請英宗命敬理之至則計軍分授餘給與民咸沐其利又同尚書胡濙考定新舊令式明白簡易吏不敢欺至今賴之祀鄉賢

王鈺字孟堅諸暨人幼聰慧日記數千言及長益博綜經史永樂壬辰進士及第歷官編修修撰宣德中

同修兩朝實録書成以疾歸正統初起爲江西督學僉事少師楊士奇薦之也鈺正身率物大小各有造就長河洞祇聞其賢亦遣子入學考績至京顯者倨傲弗爲禮即日引退安居田里以文翰自娱暨人至今推重之　祀鄉賢

楊誠字信民以字行新昌人永樂庚子鄉試授工科給事中使江西整飭軍伍宿弊盡洗正統癸亥遷廣東左叅議雷化高廉諸郡盜起信民用計招捕獲其渠魁餘黨悉平按察使郭智黄翰所行多不法信民

逮劾去之翰誣詆信民俱逮繫翰竟伏辜已巳秋英宗北狩詔以信民守白羊口而廣東賊黄肖養越獄倡亂省城洶洶廣人乞還信民詔拜信民左僉都御史往撫之比至則廣州已被圍數月信民[illegible]開城發廩給木牌縱民出入遣吏齎檄入肖養營撫諭肖養素感畏信民威德即大喜約日投降信民單騎出城賊衆皆倒旗羅拜肖養泣下跪訴信民安坐諭以禍福投降者以千萬計越五日信民復單騎往降者益衆未幾董都督統大軍來賊遂中變景泰元年三月五

日有大星隕城外無何信民暴卒廣人奔走號哭舉城縞素事聞遣官諭祭謚恭惠其後董都督以大兵勦賊所過輙屠之廣民仰天大哭益思信民不已相率走京師奏請立祠祀之詔曰可歲時有所祈禱無不響應云　祀鄉賢

徐初字復暘會稽人自幼務精思力踐之學領鄉薦教授濰學久之徵爲給事中仁宗改元首疏治道十事皆見嘉納進都給事中宣德中漢庶人高煦反勸上親征翼賛有功賜臧獲四人英國公張輔朝會失

儀初劾其跋扈無人臣禮上雖曲宥輔而心嘉其直擢大理卿持法務平恕中官阮某守遼東失利按罪當死者三十餘人初奏誅首惡餘亡濫及工部侍郎羅汝敬巡撫陝西坐事黜官遇赦吏部輒復其官言官劾以爲黨罪應死初曰是特失覆奏耳吏部因得釋嘗與寺丞楊復論事不合被劾下獄太史奏大理星不見上特復其官星乃見正統初乞歸又十年聞乘輿北狩一時悲憤而卒初生平忠誠孝友內外一致而剛廉節槩尤爲縉紳所推 祀鄉賢

周顒字養浩會稽人其爲人卓絕敏邁讀書日記數千言永樂初徙巨室丁壯實京師顒以兄當行而母老遂慨然上疏請行詔許之已而入太學卒業拜監察御史屢決寃滯明激揚百僚震悚遷山東參議有聲齊魯間佐遂安伯理兵事于山海關規畫周委邊境賴之及調江西平大盤劇寇功尤著英宗改元遷福建左布政使至則建侯官懷安兩縣學開江山浦城道至今稱便

胡智字宗愚會稽人少穎悟兼通藝學與鈕績王誼

華爲友永樂中舉進士拜監察御史益稜稜掌院顧佐深器之謂可屬大事已而出按部多所平反中貴人某怙寵觸法連引齊魯楚蜀數郡智奉詔往訊之鞫得其情擢福建按察副使墨吏望風解綬遷廣西按察使龍州與交阯思郎州連歲交兵爭地智定以公議交人不敢復爭宣宗特加賞賚進左布政使與政尤多景泰初乞歸杜門謝俗守令鮮窺其面居地若隣守欲以閑曠地益之辭不受 祀鄉賢

王璡字景暘山陰人永樂中進士選庶吉士歷刑部

員外郎斷獄詳允以薦擢河南副使調陝西督餉有勞進布政使專理糧儲事不擾而歲用充會丁內艱時以金華例不許終喪未幾召拜右副都御史土木之變京師戒嚴遲守正陽門圻外民爲寇所虜聚號下求入時各門已固守慮寇叵測無敢任其責者遲獨奏開西直門納之活者以萬計既而寇遁去詔命安撫順天河間軍民及新舊差貢降順等官皆安輯得宜畿甸賴以無事又疏通水陸清寇盜以利往來守護天壽山陵相地形築立昌平等城堡統軍勦賊

所向克捷悉奏罷被掠郡縣歲課物料凡事之爲民患者已而再奉命巡撫河南潼關等地方練軍伍修城隍賑貧窮通漕運其所經畫皆國家大計尋進左都御史時河徙漸逼汴城亟令有司募徒役築堤防以捍其勢河不爲患仍奏免被災郡縣芻糧二十餘萬復以災異自劾懇乞致仕天順甲申詔進一階及卒賜祭塟錄其子綖爲國子生暹爲人毅敏清介恬於進取而遇事敢任所著有愼庵集綖字文冕初典教郡縣終楚府長史博學篤行有雅度鄉稱長者所

著有名宦鄉賢贊傳綜史傳記爲詳確 祀鄉賢

埶完字克修新昌人舉進士授刑部主事高廉人叛逮捕株連無辜完爲詳讞全活甚衆進員外郎出爲廣西叅議廣西故百粤地徭蠻雜處多瘴癘戍兵死者相籍完奏易以土人又建議營田于近地省轉輸之半時同邑楊信民爲廣東叅議兩人名位相埒信民赫赫有聲完獨以豈弟得民景泰初轉湖廣叅政會廣東盜起湖南大震完督餉弭盜境內賴以安尋進河南左布政使屬水旱相仍民多流殍完至發倉

賑貸奏蠲夏稅民困稍蘇其任方岳前後二十年皆有惠政及民朝廷遣大臣按行天下考察獨甄完所治不復考因使少保于謙諭意其受知眷如此居官清儉始終不渝爲諸生時方貧困父嘗受寄鄉人百金父與鄉人俱殁完密召其子還之自布政乞骸骨歸卒于家所著有南遊稿歸田錄祀鄉賢

吳中字孟庸山陰人舉進士拜監察御史能持大體以儒術飭憲度性強記一覽不忘院長委以總閱諸道疑獄時成祖勤政嘗躬錄囚公卿在前按簿閱實

中默唱因名舉成律無一詿誤上慮法司論死罪多冤遣大臣覆訊之因輙紛訴不已若所訊者無詞問之皆曰經吳御史所斷是以絶意其服人如此已而奉勑叅靖安侯將兵行邊靖安雅重中日與謀議中爲陳畫邊事以及情形虛實山川要害曉然如目見靖安資其方畧屢克奏功明年移按蜀先是東川爽人時出標掠爲患中與三司決策設奇大敗之於金沙堤諸蠻自是懾服故事御史按部率一歲而更上特留中按蜀四年及還蜀人猶不忍其去十九年奉

天殿災詔求直言中卒同列上疏極論時政闕失士
所諱忌上不即加罪固已怒甚會坐他事不先白奏
與顧佐楊翥等俱論死中將就刑神色自若猶作詩
有慷慨立身當鳳闕從容引領就龍泉之句俄得赦
尋復爲御史中久於臺中廷臣擬以僉院而權貴人
多不喜遂出爲山西左參政山西俗素勁悍中務鎮
以文雅日進諸生質經義察其學行修潔者待以賓
禮或賦詩相賡和於是其俗漸化之晉人比之常袞
云車駕北征山東西供饋餉中扶病總理竟以瘁卒

中性喜吟詠雖在軍旅倥偬未嘗廢所著有恐庵集西蜀紀行錄徵垣集總若干卷從子駰澤州學正亦能詩有坦齋集

韓陽字伯陽山陰人起家鄉貢司訓蘇松二郡教士有法轉丹陽教諭用太常卿姚友直薦拜南京監察御史論奏不避權要嘗劾同官王復及內官袁誠不軌事卒寘于法禮部尚書楊溥薦陽學行可師表一方乃授湖廣督學僉事士類向化如吳中時擢江西按察副使慮囚多所平反以殊績超擢廣東左布政

使壽請致仕陽天性孝友母病躬嘗後溲然其氣剛急少容晚歲家居與郡守交惡罷免人以是少之留心著述有思菴稿二十卷

朱純字惟純山陰人與韓陽同鄉舉典教易州易士鄙悍不知學純至善爲誘掖一時多奮起終考得士七人奏課吏部考最拜刑科給事中奉命檢閱福建帑藏清弊祛蠹吏姦無所容繼以餙軍政使遼陽按視營壘奏益軍士衣糧邊人至今德之終廣西右參政子宗岳繼其業爲學官所著有如夢集

陳叔剛餘姚人初爲縣從事永樂初舉賢良起爲吏部主事歷郎中性廉潔在官三十餘年居處服御如寒士上方屬意大用叔剛屢乞休勉從之宣德中再被召不起有啓蒙故事陳吏部集

李貴昌字用光餘姚人永樂初進士知伏羌縣羌故無城多寇貴昌爲計度募民城之後改知江寧是時駕方北幸衆務旁午貴昌料理精敏尚書蹇義薦爲吏部主事扈駕至京卒于官孫居義領鄉薦爲劍州學正廉介自持長於古學所著有文則文斷五倫贊

矮菴等集

貝秉彝初名恒上虞人舉進士初知邵陽縣以寛大得民丁祖憂去改知東阿至則興學校課農桑訓育之如子縣界常苦潦秉彝爲開渠納諸大清河得沃田數千畝屢辯寃獄人稱之如神明獄有殺人賊未決而盲察其色甚戚因問其有寃乎對曰囚固無寃第身死即宗祀無繼耳秉彝哀之即令其妻侍疾解囚桎梏同宿獄中妻遂有娠遇旱蝗輒自引咎災不爲害歲屢登嘗率丁壯從駕北征供饋餉比還東阿

無一人失所在官雖小物必思以及民營繕有餘棄
廢鐵敗皮朽索工匠閒暇令煮皮爲膠鑄鐵爲杵搗
索爲穰悉貯之庫咸不解所用會上巡幸北京使督
建所次席殿向所貯悉濟急用而民不費大臣薦霽
辨可任風憲徵命已下東阿父老相率詣闕乞留詔
進一階仍知東阿在縣十有八年卒于官篋無餘貲
寮吏爲治其喪東阿人哀之如失父母白衣冠送者
千萬人其政化感人如此祀鄉賢
求琰字尚圭新昌人性頴敏好學涉獵經史永樂間

以貢授九江通判在官滿兩考一以公廉自持時勅造廬山廟出帑金萬餘琰用其半餘悉封還旋以薦擢貴州思南知府清操愈勵嘗于宅旁植棗一林謂子孫曰吾以木孥千頭貽汝矣入覲卒于京九江祠祀之

張禎遜字友讓會稽人性剛直公於嫉惡讀書嚴義利之辨嘗曰我私淑孟軻氏人稱爲張孟子永樂中舉賢良方正授福建按察司照磨持已慎密克修其職數與上官辨時政得失言論侃侃不少詭隨上官

嫉之不得行其志友讓卽有去志時年未七十致仕者倒返初服友讓遂欣然就倒着角巾歸一時詞林諸名人競爲詩文以高其行

呂童字邦用新昌人永樂中以貢知興化宋范文正嘗令是邑流韻猶存童至務自砥礪崖異節除宿弊百廢具舉豪吏蘇奎鄧信交通巨璫覘令丞若僚佐童含忍歲餘一旦盡發其奸奏而磔諸市境內肅然日與民治溝洫修鄉校在任十三年始終若一日部餉東南竣事還縣以瘁卒吏民號慟朝夕奠如喪考

姚與文正並祠名宦童有識鑒一見高文懿公穀於幼穉中即以宰輔期之穀終身執弟子禮爲童銘墓述其惠政甚悉見一統志

徐士宗山陰人永樂中知滕縣再令貴溪以惠政得民歲甲午邑大水士宗奏蠲田租三之二又請以租折輸布民田之汚者盡除其租有婦人訟其夫爲讐家所害士宗鞫之無驗俄有蚱蜢飛集几案士宗視曰爾有寃當集讐人身已而果然因始伏辜境內稱爲神明進廣信通判仍知貴溪縣事在縣幾二十年

既去民祠祀之後百數十年貢溪徐貞明來令山陰猶爲樹坊曰循良世澤蓋貴人之見思如此而士宗孫綬及軒皆以貢起家故稱世澤云

謝瑩字懷玉餘姚人性耿介人有是非不直者輒就瑩請平宣德間從事藩司藩大吏有疑難悉與參決以資授福建布政司都事廉謹有守會閩賊鄧茂七作亂欲脇從漳州民民畏之欲應之兩司重臣逗遛不敢進乃以罷卒士兵委瑩蓋討賊事敗罪在瑩功成則歸之已時賊勢猖獗瑩兵寡不敵惟以忠義感

激人心漳人聞瑩來皆喜曰謝都事良吏也今來吾屬生矣瑩至民擁馬首瑩曰朝廷大兵討賊賊旦暮授首汝輩良民勿從賊自取勦滅民心始安不數日賊果就擒漳州得免於難瑩之力也後以孫遷貴贈少傅武英殿大學士

司馬恂字恂如山陰人自以宋温國之後思輯其休光在鄉校出入動止皆有常度正統中貢入太學祭酒李時勉延教其子尋中順天鄉試第一拜給事中使朝鮮朝鮮王素知恂名尊禮特異有所餽遺峻卻

之朝鮮至今傳其詩文在職論事能持大體不爲苛察英宗復辟帥同官極論人臣懷二心者慷慨引義擊刺權姦辭甚切至然敦厚周慎權姦欲中傷無可乘者未幾遷爲春宮贊善是時石亨曹吉祥內外相要結朝士多趨附之恂獨而默自守亡何亨敗附者皆獲罪而恂竟以叙遷進少詹事兼國子祭酒敦禮範衆持其科條諸生無敢自便者尋以病乞歸家居恭儉卑約恂恂如也不愧其名稱云司馬氏自宋來清白相承至恂歷顯仕服自如寒素其文學政事爲

一代名臣卒贈禮部侍郎遣官祭葬如禮子垚刑部員外郎亦篤行能文章　恂會稽鄉賢

葉冕字拱辰上虞人祗之曾孫正統中進士歷知松江府廉明公恕民畏愛之時歲屢不登冕悉力振救賴以全活者甚衆郡有殿山湖其半屬崑山界湖堤壞彼此莫肯修冕一體視之爲築堤萬餘丈蘇人愧之累遷右副都御史致仕初冕在松江樂其土風既致仕買第秀野橋之西居之殁葬此錢里一子蚤亡松人咸悼惜之　見松江府志

呂昌字好隆新昌人舉進士授御史屢言時政得失一監收京倉糧剔刻蠹耗民皆便之遷福建按察僉事事有切於軍民者銳志勇為大盜嘯聚山谷間昌率兵深入反覆開諭皆感服散去遷江西按察副使聽訟明決臨川令嘗被誣昌為白之聞以私饋來謝昌拒之曰汝以我執法為徇情耶其人愧去中貴葉鎮守横甚其僕白日殺人市中昌捕得論死會淮邸責民子錢甚急昌覩其券久入息多者即焚之葉乃譖語激怒王王疏奏昌侵侮宗室事下御史御史素賢

昌抗章訟之事乃白再遷陝西按察使值邊備方亟民困供輸昌累疏便宜十餘事上悉嘉納陝爲漢唐故都其謡俗喜伉壯巨俠司千戸賁雄一方怙勢殺人昌至聲寃者數十百人司懼要當路以書抵昌昌按其事有驗即上狀逮繫虀之獄中於是直聲震中外然邅徊不徙者數年疾且革乃召其子議議至而昌卒篋無遺金僚寀將以公錢賻忽憂議而呼之曰若父爲吏三十年未嘗私一錢乃今欲以遺骨爲利邪議覺而痛泣旦日即奉櫬行所著有耻齋集仲子

諶有東皐集祀鄉賢

張居傑字翰英上虞人正統中舉於鄉司訓章丘召拜吏科給事中知無不言皆切時務歷雲南參議江西參政所在有幹濟風譽赫然以冠遷山西右布政使卒見一統志

陳詠字永言餘姚人幼從父戍居肅正統間第進士拜南臺御史敢言不爲身計時英宗北狩郕王監國進中興十四事尤指切將臣失事誤國者願甘心以謝天下又抗言亡徙長陵衛卒徙郎有變以故得不

徙靖遠伯王驥有寵而專詠劾解其兵柄師討鄧茂七之黨勅詠監軍無一卒犯令者寇平降璽書旌之出爲陝西按察僉事母疾嘗糞母死詠亦哀毁死年才三十六囊無一錢同官棺殮之耿清惠九疇歸其喪薦紳道奠者相望王尚書竑祭詠而亡其楮竑曰可無用也公生平不取一錢死安受此楮爲其信重於名卿大夫如此

潘楷字貴模餘姚人正統初舉明經除仁和訓導擢監察御史坐劾逆豎王振左遷通州學正振敗復召

爲御史氣節益厲尋致仕南歸落魄無業即饑寒迫窮濵死未嘗少挫其節從弟英字時彦以進士拜南臺御史與同官范霖楊永劾奏都御史周銓銓自經當路者坐英等以死范楊二御史曰事本霖永無與英英爭曰英實同疏義不獨生會有訟其事者得減死戍邊而英戍遼陽景泰改元詔復英等官而英已死世咸惜之

朱縉字廷儀餘姚人正統中舉進士拜南臺御史以剛直見推閱禁兵悉識其優劣勇怯賞罰明信士卒

屬心出爲常德守至則求其利害廢置所宜日月辦治之張弛稱便在郡六年政平罰清卒于官百姓祠祀之

馮謙字履吉諸暨人正統中舉人歷教新安陽信遷知沛縣沛當衝津民力罷於迎送謙力爲裁節邑有戚畹莊梨木廠爲民大厲皆奏罷之又濬昭陽湖建飛雲橋民賴其庇子珏以文學稱歷官員外郎

徐琦字廷振諸暨人正統中舉人初授崖州知州崖民多黎戴竹笠子垂髻來見琦諭以服用當從中國

爲易方巾直領之製簡率俊秀使趨於學教以婚禮俗爲之變在崖九年改道州知州政復報最居七年致政琦四歲而孤十五補弟子員遊宦幾二十年歸老好禮敦義人稱長者云祀鄉賢

張倬字士明山陰人正統間鄉舉分教崑山府年尚少爲師儒益嚴禮範事之有裨風化者必毅然主行之擢知閩縣縣當寇亂餘倬起頹葺廢政漸以舉憂勤致疾卒于官邑民奠哭者相屬不絕倬自少頴悟篤學爲文法秦漢詩備諸家體裁所著有毅齋集二

十卷筆錄十卷

俞欽字振恭新昌人聰明異常讀書一目數行景泰初第進士選庶吉士改禮部主事歷郎中癸未春闈災左遷松江府同知持已廉慎而政尚慈祥民甚德之及召還行李蕭然改兵部郎中會川貴山都長偕九姓土獠作亂上命本兵督師而以欽佐之既至主帥以下咸謂宜招撫爲苟延計欽獨持不可主帥從之遂進兵連拔二十餘寨斬獲六十餘人捷聞遷太常少卿奏革道流之冗濫者若干人凡建白多見嘉

納進禮部侍郎供職惟謹寇逼大同以才望改兵部左侍郎與二三大僚殫心擘畫邊境以安尋病卒賜祭葬錄其子欽居官三十年歷事三朝始終一節雖所施未竟不愧大臣云祀鄉賢

章瑄字用輝會稽人景泰中進士授職方主事出守山海關時中貴魏榮領神鎗縱所部京校假月試習侵關事後府舍人王廷倚藉官校得管押戍卒往往追淫其婦攫其橐且盡瑄並奏悉寘諸法御馬都監指揮脫人赤有寵於英宗命使朝鮮而無關符瑄持

之不奉詔脫馳奏上震怒械繫闕下言官論救乃釋尋遷車駕郎中進遼東行太僕寺少卿諸番貢馬入境多爲閫帥所擅瑄請歲遣官閱所貢馬於各邊自是歲得良馬無筭於邊徼建學以教列校子弟遼士始知禮義尋乞歸所著有竹莊集四十卷　祀鄉賢

胡謐字廷慎會稽人景泰間鄉試第一登進士歷山西提學僉事第士等如別黑白士類頓興毀諸淫祠增祀陶唐羲氏和氏以下十餘人遷副使風采益振郡民李鐸聚衆爲亂計擒之調河南建大梁書院祀

濂溪以下十八尋擢廣東叅政而卒謚爲人頴敏嗜學勤必師古歷官三十年室如縣罄怡然自若人稱爲貞儒其子惠亦舉進士登仕十五年兩丁父母憂哀毁踰制終刑部主事孝友廉介克世其家謚祀鄉賢

唐彬字質夫山陰人初從會稽章瑄學嘗令作經義瑄以其不加意作色令改重進復拒如是者三至見擲地而容色自若瑄乃曰是子可教矣徐取稿點綴數字曰子文巳佳未幾彬中式與瑄聯榜會試復然及拜御史南歸瑄以喪未受官彬執禮如布衣時而

稠人廣坐中有所顧語輒掩口應對時以爲師弟子之禮庶幾復見古人在官持法明審數考稱職時總兵石亨連衡内豎曹吉祥權傾人主編修岳正御史楊瑄等露草彈劾悉竄于邊亨由此滋横陰蓄異志彬復幸同列抗疏論之上心善其言而慮亨猝爲變姑調諸御史於外未幾亨敗復彬官巡察關陝所至風望凜然癸未禮闈災彬爲監試坐調新喻縣成化初復召爲御史尋出爲廣東按察副使會兩廣賊起命兩都御史討之民多脇從於賊賊已去民懼誅不

降彬持節往諭以恩信民涕泣相率歸附改山東副使齊地饑人相食撫臣請賑未報彬爲捐俸倡同列及王府得粟千斛爲粥以食餓者所全活甚衆明年拜福建按察使再遷貴州左布政使未赴而卒家無餘貲唯書十數篋而已

張嵩字廷瞻上虞人景泰中官監察御史出守鎮江性剛果綽有幹局先是郡麗譙爲戎司所據昏曉失度嵩奏隸有司郡學在城南隅隘陋不稱奏請遷學詔可後學成人文蔚興至今懷其德不置天順間再

知荆郡育民造士一　如鎭江時兩郡志並載之

沈性字士彝會稽人年十二即解爲文嘗夜讀書稍睡輒警作逐睡魔文一時師友咸奇之景泰初登進士授御史廉愼端嚴爲左都御史蕭維禎所器重已巳之變寇勢方張詔往閱戎器謹守塹性到邊徧走塹堡忘險易景帝大漸英宗在南内廷臣議迺洶洶未定性與林鶚等贊决之夜漏下三鼓武臣排闥奠駕出性趣鶚與同必兆翼維禎突仗前進各翊戴以定大計俄而論功爲徐有貞所蔽出知寧國郡至則

訊民疾苦拊循備至又以其餘孜孜學校一時士奮起軼他郡未幾以外艱歸卒于家孫橋字宗周嘉靖中進士歷順慶守終湖廣按察使所至皆有聲績而清白自持不愧乃祖云性祀鄉賢

曹謙字廷遜會稽人景泰初領鄉薦授潮州同知更徙韶州所至以廉幹稱遷高州郡守猺獞出沒摽掠民不聊生謙綏禦合宜諸蠻戢服至有迎拜道左乞田輸稅以自齒於編氓者高人至今祠祀之祀鄉賢

王樞字克順嵊人景泰中以貢授寧國推官剖決明

敏獄無冤滯丁氏婦鄭少寡其叔桃之鄭欲聞予官叔懼誘母訟以不孝守將刑之樞廉得其情爭於守曰公不惜一婦人獨不惜寧國郡三年不雨乎守悟鄭獲免樞未幾以疾卒橐無餘金民爭出錢爲賻其子其謂不可以喪故汚吾父盡却之太守聞而嗟異各捐俸以助始獲歸葬

王淵字志默山陰人天順中爲南京吏科給事中時憲宗初嗣位内臣用事勢張甚在朝無敢公言者淵與給事中王徽以氣節相尚率同官陳五事其一曰

保全內臣宜遵舊制亡令預國政否則如王振曹吉祥事敗雖欲全之亡繇也近有無耻大臣與之結交或屈膝叩頭或稱翁父因而鬻獄賣官擅作福威今後亡令內臣管軍管匠置立田產多蓄義子仍嚴交結之禁凡大小政事悉斷自宸衷惟與館閣大臣計議則朝政清明而宦豎亦享其福上嘉納之其年十月後立皇后王氏明正牛玉之罪免其死安置南京淵及徽等復以玉罪重罰輕數玉大罪四乞正典刑因詆斥執政奏入逮下獄科道交章論救命俱謫遠

方判官淵得茂州嶶普安州二人直聲震中外而李文達名爲少損淵歷遷順天治中歸老於家貞介溫惠鄉人稱爲長者 見實錄元孫望大望臣孝義附坊

丁川字大容新昌人天順中進士成化中爲御史才名籍甚屢陳時政闕失魏昌侯孫繼宗以外戚父子交掌禁兵川疏請裁抑其權又劾尚書馬昂都御史楊璿怠事不法時萬貴妃寵冠後宮干預朝政川上疏論諫奪俸三月辛卯太后崩因陵廟事遺吉切責言者川疏曰諸臣之請天下公論也聖母之命一時

私恩也請勿以私廢公言甚切直事竟寢尋擢順天府丞値旱蝗疏荒政十五事多見采納遷僉都御史巡撫延綏至則上備邊三策開中淮浙積鹽選將帥置弓弩練士卒創屯堡蓋隱然鎖鑰重寄云未幾卒于官川平生清苦卒之日槖無羸金士論益賢之祀鄉賢

薛綱字之綱山陰人以進士拜御史巡按陝西其所建明皆邊防大計已督學南畿學政振舉擢湖廣副使督學如初歷廣東按察使雲南布政皆善其職以

老乞歸尋卒于家綱簡直平坦不矯激而能持正爲文醇雅有深沉之思所著三湘集榕陰蛙吹等篇藝林多稱之祀鄉賢

陳壯字直夫山陰人初從父戍燕清苦力學慷慨有大節天順間成進士拜南京監察御史號有風裁時官留都者莊昶劉大夏倪岳羅倫輩皆海内名流壯與定交日以行義相淬厲尋改江西僉事督察官吏雖素所愛厚亡所假未幾抗疏乞歸李少師東陽重其去有莫與越人謀出處直夫先謝外臺歸之句歸

十餘年用薦起官福建辭弗許尋擢河南副使甫蒞官又懇疏乞休既得請杜門讀書絕請託事有不平者輒爲直于所司或歸德焉辭不居典至攜賓朋陟涉觴咏陶如也壯直道事人志未竟而退退而爲鄉之典刑者二十年　祀鄉賢

蕭昱字用光山陰人性至孝母喪明昱日以舌舐之復有見天順壬午魁鄉試授貴溪令以簡易慈愛爲政民甚德之尋丁母憂復補高密初民困于征輸皆相率亡去昱至緩征發賑流徙漸歸密地當沙河下

流漫流殺稼昱治塘浚溝取南人水耕法教民濱海爲田立均徭九等例撫按取其式頒之通省政暇親課諸生朔望集耆老于庭導民孝弟卒于官民傾邑哭送有及淮而返者兩邑皆祠祀之子鳴鳳自有傳

謝遷字于喬餘姚人成化乙未進士第一人授修撰簡侍東宮弘治初陞庶子充日講官上在諒闇内侍郭鏞請選妃嬪遷疏言三年之喪未終豈宜遽有此舉詔已之尋陞少詹事兼侍讀學士以憂歸服除起爲詹事無何簡入内閣加少傅兼太子太傅禮部尚

書武英殿大學士寇犯大同兵部尚書馬文昇以國用不足請於南方折銀舊額遷執不可曰南方稅糧甚重宣德正統間因民不堪命故立折銀法以寬之今更加則反重於本色民益病矣且足國惟在節用苟用之不節加賦何益事竟寢四方觧戶赴內府輸納者每苦需勒遷乘間言於上曰惟令曹司摟剔弊端明白開奏而後嚴立禁條有犯必誅庶幾民困少甦上如其言行之由是諸司宿弊盡革時同在內閣者劉健敢於任事而資遷之謀斷李東陽長於爲文

而資遷之典則遷於其間不激不阿弼成盛治一時號稱賢相遷嘗欲引吳寬與共事而同列難之因乞避位薦吳寬王鏊自代泰陵大漸入受顧命正德初奄瑾專政尚書韓文率百官伏闕論之遷等主張于內將寘瑾於法事泄不克遂致仕瑾怒不已指爲奸黨榜示天下咸謂禍且不測遷處之泰然世宗登極遣使存問遷上疏謝因陳學古訓監成憲二事復召入內閣既至壓于同列不得展其志明年乞歸卒年八十有三贈太傅謚文正祀鄉賢

張嵿字時峻蕭山人成化中以進士知上饒奏課吏部考第一遷南工部主事而性鯁介不畏彊禦故事有内降至南都主事手錄之以呈守備太監嵿不顧尚書趣之嵿曰主事非書手何錄爲竟亦無他歷刑部郎中時隆平侯張祐無嗣子姪爭襲賄逆瑾致屬嵿持正不阿出知興化瑾又屬以他事亦拒不許瑾乃矯旨罷歸瑾誅起知南雄南雄當廣貨出入之區前守多以汚敗嵿一無所滓名大起歷江西布政使時宸濠潛蓄異謀懼嵿掣其肘爲之賂敗南光祿卿

轉副都御史巡撫保定值武宗北巡與權幸錢寧江彬輩相抗志不行即引疾歸寧彬誅復以薦起鎮守兩廣擒巨寇黄鏐等有功尋入掌南院改南工部尚書以老致仕年七十四而卒上饒南雄並祠祀之祀鄉賢

何鑑字世光新昌人成化中進士知宜興有聲擢御史疏論度僧道之非事遂寢查覈邊計將吏肅然出知河南府有詔取嵩盧鑛洞鑑執奏止之歲大侵人相食多方賑濟所全活甚衆歷右副都御史巡撫南

直隸理浙西稅糧濬吳淞白茅等港所至利興弊革改刑部侍郎奉命安撫河南湖陝三省流民進南兵部尚書召爲刑部尚書再改兵部賜蟒玉時巨寇劉六劉七等倡亂刧掠府庫逼近畿甸鑑處分守禦悉中機宜賊以次盪平加太子太保柱國光祿大夫官其子世錦衣百戶當是時宸濠久蓄逆謀求復護衛鑑五覆奏堅持不許尋乞休歸後濠反人服其先見鑑寬厚簡重而涇渭洞然敭歷中外幾五十年矢心經濟不爲家謀居憂時凡鄉邑利病力贊有司興革

之如築長提請度田減軍需革冗員改京運除徭役減啚里請賑濟併倉廒修通衢之類皆其力也鄉人感德建祠歲時俎豆之至今不廢所著有五山奏疏五山吟稿藏于家 祀鄉賢

韓邦問字大經會稽人父弼耿介有學長于詩有衡軒集官襄府長史邦問因舉湖廣鄉試成化中登進士爲廷評慮囚四川多所平反出知淮安府節冗費辯滯獄又集漕卒禁私鬻其所設施不爲苛察而人畏服久之以都御史巡撫江西時中官駐饒燒供御

磁器邦問力言小民凋敝狀上感動輙止之後以刑部尚書致仕卒于家邦問雅性垣直不妄笑言其居雖逼城市而出入甚罕至士大夫以國典民隱造質輙響荅忘倦蓋身雖退而不忘經濟如此里人至今想其風采卒謚莊僖祀鄉賢

王鑑之字明仲山陰人成化中進士知元氏縣以廉幹稱擢御史督南畿學政寬嚴相濟有藻鑑士咸畏而愛之入爲大理丞進都御史終刑部尚書時逆瑾擅權恣虐士大夫爭卑諂以求自免六卿進見有長

跽者鑑之獨與抗禮尋謝病歸詔進階一品鑑之平生清介自縣令歷官上卿僅能立門戶懸車里中有司有所嚴憚對家人語亦以國法相教戒有古大臣之風 祀鄉賢

舊志云按武宗實録謂鑑之厚於璉故致仕歸猶得渥典又以其繼子一和犯罪事爲鑑之病此皆不然若厚於璉必不歸其子不肖雖堯舜不免又何病鑑之耶盖秉筆者似有所忮要非公論云

洪鍾字宣之本上虞人少從父贅錢塘遂家焉成化中舉進士初官刑部歷四川按察使蒞獄明敏抒無留繫馬湖安氏阻兵怙亂鍾用計除之累遷右副都

御史巡撫順天建議增築邊牆自山海抵居庸延亘千餘里已而督漕兩淮晉右都御史掌南院事尋進刑部尚書加太子少保湖南盜起奉命總川陝湖河四省軍務旣至悉勦平之加太子太保未幾引年歸卒謚襄惠鍾狀貌魁傑目光秀朗論議英發籌算無遺卒能以戰伐成功名第家居盛營臺館作法於奢子孫效尤滋甚不再傳而衰陵盡矣　杭州祀鄉賢

徐士涓字叔遠餘姚人習聞典故時事洪武初召拜河南按察副使敎化大行按視南陽値久旱草木俱

槁士涓祈禱得雨歲輒大穰又嘗視事蓬池庭中俄產一竹人皆傳爲士涓之瑞云

邵宏譽餘姚人字德昭永樂甲辰進士拜監察御史稱有風裁以薦入翰林修撰預修宣宗實錄正統壬戌會試同考壽陞福建按察副使時坐閩寇鄧茂七反左遷寇平追錄宏譽功復湖廣按察副使致仕宏譽天性孝友親歿廬墓居官清白囊無遺資毀譽不形犯而不校寬然長者也子銓泰州同知孫蕡廣東左布政使

許南傑字俊才餘姚人宣德庚戌進士授庶吉士屢試稱旨賜襲衣授太常博士出知南安府奸賊孫佛羅倡亂詔籍其黨南傑辨其脅從釋之調知曲靖曲靖多猺人猺長爭立輒相殺南傑多方攝服兩郡俱廟祀之子浩桐城訓導瀚尚寶司丞濬國子助教浩以文學名有宋元二史闡幽等書

聞人韺字以和餘姚人正統壬戌進士授御史監龍江關榷場錦衣指揮馬愼家人以貨至關怙威滅法韺循例榷之不貸又疏禁葦抽分弊以同劾都御史

周銓謫雲南定西嶺驛丞迨至驛都指揮曹津肆不爲禮嶽面叱之津武士引咎自責以艱歸復調安慶呂亭驛會承天門災詔振幽滯擢知吳縣益務正已直法延海翁都督梅太監縱左右爲虐悉擒置獄踰年卒

嚴時泰字應階餘姚人裔出子陵後幼從父貿于楚遂入籍江夏弘治辛酉舉于鄉辛未成進士任溧陽令徵拜御史以兄時肅爲楚王儀賓改鎮江同知尋遷南康太守時金齒弗靖奏設永昌府以鎮治之而

難其人廷議以爲非時泰不可領勑治郡事蓋異數也累遷四川左右布政所至皆以廉能著兩臺交薦遂入爲太僕卿晋右副都御史提督四川軍務四川故舊游地肯綮夙嘗運以奇畫都蠻積寇一鼓而殲捷上賚白金文綺加俸二級先是都御史應大猷以征都蠻失策罷歸疏中盛推其先事之力遂得召用後官至尚書其知人讓賢又如此久之拜南工部右侍郎致仕歸家無餘資至無以爲殮而清白之操皎如也所著有專城稿牢盆术山等集　祀永昌名宦

張懷字德珍餘姚人正德丙子以儒士薦第一聯登進士授禮部主事會世宗南廵伏闕泣諫罰跪門五日杖三十嘉靖初又以議大禮不稱旨杖三十歷官廣東參政所至有廉敏聲寀以他事波及勒歸公論惜之歸惟布袍芒屨督耕飯牛過者不識其爲仕宦也所著有雞鳴集茹茶錄藏于家

紹興府志卷之四十五終